독자 중심의
명심보감

**올바른 가치관과 참된 인격 형성을 위한 인생 교과서
하늘의 이치와 선인의 지혜를 배우는 명서 중의 명서**

백향고전동연회(柏香古典同硯會) 엮음

예감

독자 중심의
명심보감

초판1쇄	2023년 4월 10일
지은이	백향고전동연회
펴낸이	이규종
펴낸곳	예감출판사
등록번호	제13-1562호(1985.10.29.)
등록된곳	서울시 마포구 토정로 222 한국출판콘텐츠센터 422-3
전화	(02) 323-4060, 6401-7004
팩스	(02) 323-6416
이메일	elman1985@hanmail.net www.elman.kr

ISBN   979-11-89083-86-1 73910

이 책에 대한 무단 전재 및 복제를 금합니다.
잘못된 책은 구입하신 서점에서 바꿔드립니다.

값 15,000 원

명심보감(明心寶鑑)은 『마음을 밝게 하는 보물과 같은 거울』이란 뜻이다. 흐트러진 용모를 거울을 들여다보며 바로잡듯이, 명심보감은 인격을 바로잡으려는 책이다. 훌륭한 인격은 무엇을 배워야 하며 어떤 생각을 해야 하고, 어떻게 행동을 하느냐에 의해 결정된다. 이에 가장 적합한 책으로 첫째로 꼽히는 책이 명심보감(明心寶鑑)이다.

백향고전동연회(柏香古典同硯會)

개정판에 붙여

　　　　　　　　백향고전동연회(栢香古典同硯會)는 사회 각 분야에서 CEO를 역임한 10여 명의 회원들이 고전(古典)을 매주 1회 돌아가며 발표하고 토론하는 방식으로 학습하는 모임체이다. 모임체의 첫 번째 과제가 명심보감(明心寶鑑)이었고, 이어 논어(論語)에 이어 현재는 채근담(菜根譚)을 공부하고 있으며 회원 수도 15명으로 늘어났다.

　명심보감은 중국의 고대로부터 송대에 이르기까지 유불선(儒佛禪) 각 분야의 금언(金言)이나 명구(名句)를 발췌하여 편집한 책으로 동양의 정신세계를 이해하고, 현대를 지혜롭게 살아갈 수 있는 "보물과 같은 지침서"라는데 이의가 없다. 그런 내용을 주제로 삼아 생각하고 토의하고 때로는 행동하는 소위 학이사행(學而思行)에 보람되고 행복했다.

　그래서 기존의 교재를 독자들이 보다 효과적으로 이해(理解)하기 위하여 오자(誤字)나 탈자(脫字)를 바로 잡는 것 외에 아래와 같이 편제를 조정하고 틀(frame)을 세우고자 하였다.

1. 먼저 책 내용은 1부와 2부로 나눈다. 1부는 기존의 초판 내용을 수정 보완한 것이며, 2부는 〈부록〉으로 1부의 해설에서 제외된 장과 명심보감에 추후 보충된 5개 편의 글 및 원문이 어디에서 나온 것인지에 대한 출처를 색인화 하였다.
2. 1부에서 기존의 일러두기와 각 편의 원문 해설 중간에 "한문(漢文) 문장의 구조와 어순(語順)"을 보충함으로써 명심보감 원문을 해석하

고 이해하는데 도움이 되도록 하였다.
3. 원문의 해석은 원 뜻을 해치지 않은 범위 내에서 가능한 한 쉽게 하려고 했다. 그래서 〈한자풀이〉를 해석 바로 뒤에 두어 〈해석〉을 쉽게 이해하도록 했다.
4. 해설은 원문을 오늘 날 어떻게 적용할 수 있을지를 염두에 두고 기술했다.
5. 예화(例話)의 길이는 가능한 한 페이지를 넘지 않도록 조정하였다.
6. 각 편의 끝자락에 본문의 이해를 높일 수 있도록 學而時習(학이시습)'이란 이름의 문제를 제시하였다.

이상으로 본 책자는 출판사와 독자(교수, 교사, 장군, 제독, 기업경영자, 목회자, 시인 등)가 합심하여 독자의 학습과 토의 내용을 출판에 피드백시켜 독자 중심의 수정판이 되도록 노력하였으며, 독자들에게 그 영광이 나타나기를 바란다.

아울러 인간의 양심을 고양시키고 인격과 인문학적 지식을 갖추는데 본 "명심보감(明心寶鑑)"이 일조할 수 있기를 진심으로 기대한다. 그 기대에 부응하기 위하여 땀을 흘렸지만, 그래도 부족한 부분이 많이 있을 줄 안다. 이는 독자와 함께 계속하여 수정·보완할 것을 약속드린다.

이 책이 햇빛을 보도록 허락해 준 출판사 예감의 이규종 사장님과 명심보감 학습시 함께한 백향고전동연회 당시 회원(권해조, 김덕영, 심현제, 유재흥, 윤원식, 이상국, 전양수, 정효제) 선생님께 자축과 감사를 함께 하고자 한다.

2023년 4월 5일
백향고전동연회 회장 정병수 올림

초판 머리말

자신의 용모가 어떻게 생겼는지를 들여다보려면 거울이 필요하다. '마음을 밝히는 보배로운 거울'이 필요하다면 그것은 바로 '명심보감'이다.

흐트러진 용모를 거울을 들여다보며 바로잡듯이 '명심보감'은 인격이 흐트러지는 것을 바로 잡으려는 책이다. 우리가 사는 세상은 훌륭한 인격을 갖춘 사람을 원한다. 또 그런 사람이 일생을 원만하게 성공적으로 살아갈 수 있다.

훌륭한 인격을 갖추려면 청소년기에 무엇을 배우며 어떤 생각과 행동을 하느냐에 의해 결정된다. 이런 시기에 가장 적합한 책으로 예전부터 '명심보감'을 첫째로 꼽았다. '바른 인격의 형성'의 토대를 만들어 주는 훌륭한 책으로 '명심보감'은 고려 충렬왕 때 만들어졌다. 대학자 추적(秋適)이 지은 책이다. 쓰여질 당시에는 계선편·천명편 등 19편으로 구성되어 있었지만, 세월이 흐르면서 증보되어 효행·권학 등의 5편이 더 첨가되었다.

'명심보감'의 내용은 주로 권선징악같은 하늘의 이치를 설명하고, 자기를 반성하여 인간 본연의 양심을 보존·계발함으로써 훌륭한 인격을 갖추는 데에 역점을 두고 있다. 또한 삼강오륜을 바탕으로 해서 인간관계의 질서와 도리를 밝히고 있으며, 열심히 면학하여 지식을 갖춰 올바른 인간상을 성취해 갈 것을 강조하고 있다. 오늘날의 현대인들에게도 '명심보감'은 가장 잘 알려진 교재 중의 하나로 선호되고 있다. 하루가 다르게 변화하는 시대에 수 백년 전의 사회에서 통용되던 책이 여전히 교재로 사랑을 받는 것은 인간의 근본에 관한 내용으로 되어 있기 때문이다.

'명심보감'은 문장과 내용이 어렵지 않게 구성되어 있다. 학생들만이 아니라 일반인들도 이해하기 쉽다. 이번에 새롭게 적절한 예화를 넣어 기획 편집한 이 책은 어느 세대 누구나 손쉽게 읽을 수 있도록 했다. 개인주의와 능력주의, 경쟁주의가 판을 치는 차가운 이 시대에 이 '명심보감'은 훈훈한 인격과 참인간으로 성장하게 해 주는 책으로 손색이 없다고 자부한다.

따라서 선인들의 숨결을 오늘에 되살리고 인간의 본질적 진실과 바른 가치관, 정직한 지식의 활용을 깨우칠 수 있는 '명심보감'을 언제나 곁에 두고 펼쳐 볼 수 있기를 간절히 기대하지 않을 수 없다. 새롭게 편찬하며 원고집필과 편집과정에서 미진한 부분이나 실수가 있다면 보완해 가도록 하겠다. 시대를 초월해서 읽어 봐야 하는 명서를 여러분 곁으로 보내는 기쁨과 함께 이 책이 기름진 마음바탕을 일구는 데 작은 씨앗이라도 되기를 간절히 바란다.

2016년 4월 30일
21세기 역사바로알기위원회

목차

개정판에 붙여 … 4
초판 머리말 … 6
제1부・명심보감의 해설 … 11
　① 일러두기 … 12
　② 한문 문장의 구조와 어순 … 14
　③ 각 편의 원문 해설 … 18
　　1. 계선(繼善)편 … 18
　　2. 천명(天命)편 … 37
　　3. 순명(順命)편 … 55
　　4. 효행(孝行)편 … 63
　　5. 정기(正己)편 … 77
　　6. 안분(安分)편 … 111
　　7. 존심(存心)편 … 121
　　8. 계성(戒性)편 … 140
　　9. 근학(勤學)편 … 150
　　10. 훈자(訓子)편 … 166
　　11. 성심(省心)편 … 182
　　12. 입교(立教)편 … 214
　　13. 치정(治政)편 … 220

14. 치가(治家)편 … 230

15. 안의(安義)편 … 236

16. 준례(遵禮)편 … 242

17. 언어(言語)편 … 250

18. 교우(交友)편 … 258

19. 부행(婦行)편 … 268

제2부 • 부록

① 제1부 명심보감의 해설에서 제외된 글 모음 … 277

② 추적선생의 명심보감 편찬 후 추가·보완된 글 모음 … 319

20) 증보편(增補篇) … 319

21) 팔반가 팔수(八反歌 八首)편 … 320

22) 효행(孝行)2편 … 323

23) 염의(廉義)편 … 326

24) 권학(勸學)편 … 328

③ 원문 출처 찾아보기 … 329

1) 출처 인물찾기 … 329

2) 출처 서적 찾기 … 330

제 1 부
명심보감의 해설

1. 일러두기
2. 한문 문장의 구조와 어순
3. 각 편의 원문 해설

1. 일러두기

1) 원문 중에서 111장을 발췌 해설

명심보감의 구성은 고려 충렬왕 때 추적(秋適) 선생이 편찬한 것으로 총 19편에 264장이나 된다. 그 후 여러 학자가 5편 17장을 보완하여 현재 총 281장으로 구성되어 있다. 이중 4차 산업사회로 들어가고 있는 오늘날에도 읽고 새길만한 본질적 가치가 있다고 여겨지는 총 111장을 발췌하여 제1부에 해석과 해설을 하였다.

2) 원문 텍스트의 이해

가) 우리말 해석: 원문의 해석은 중고생 및 일반 교양인이 쉽게 읽고 이해할 수 있도록 직역(直譯)과 의역(意譯)을 함께 고려했다.

나) 해설: 이는 오늘날 기준으로 원문의 뜻을 풀어 해설한 것이다.

다) 한자(漢字) 풀이: 한자는 뜻글자이다. 즉 소리와 의미가 다르다. 소리도 중국 발음과 우리나라는 다르다. 따라서 다소 어려운 글자는 우리나라 기준으로 음과 뜻을 설명했다.

예) 愛: 우리나라 소리, '애', 뜻 ; 사랑, 사랑하다. 이를 줄여서 '사랑 애'라고 읽는다.

3) 원문 출처

누가 말했는지, 또는 어떤 자료에서 발췌했는지 출처를 밝히고 있다.

① 인물 예: 공자(孔子, 기원전 552~479)

이름은 구(丘), 자(字)는 중니(仲尼). 춘추시대 말엽 노(魯)나라 곡부 출생. 인(仁)과 예(禮)를 바탕으로 하고 충서(忠恕)를 실천 덕목으로 하는 유교의 도를 세움. 그가 한 말과 행실을 기록한 책이 '논어(論語)'이다.

② 서적 예: 삼국지(三國志)

진(晉)나라의 학자 진수(陳壽 : 233~297)가 편찬한 것으로, 《사기(史記)》《한서(漢書)》《후한서(後漢書)》와 함께 중국 전사사(前四史)로 불린다. 위서(魏書) 30권, 촉서(蜀書) 15권, 오서(吳書) 20권, 합계 65권으로 되어 있다. 위나라를 정통 왕조로 보고 위서에만 〈제기(帝紀)〉를 세우고, 촉서와 오서는 〈열전(列傳)〉의 체제를 취했으므로 후세의 사가(史家)들로부터 많은 비판의 대상이 되었다. 그 때문에 후에 촉한을 정통으로 한 사서(史書)도 나타났다.

4) 예화

원문이 말하고자 하는 뜻을 현대적인 의미로 보완해주는 이야기이다.

5) 學而時習(학이시습)

유대인들은 질문을 통하여 지식을 확장하고, 사고력을 개척해 나간다고 한다. 공자(孔子)도 배우기(學)와 생각하기(思)를 연계하여 할 것을 강조하였다. 그런 차원에서 명심보감의 각 편에 기본적이고 중요한 내용을 〈學而時習〉이라는 이름 하에 문제를 예시하여 독자의 이해력을 증강시키려 했다.

2. 한문 문장의 구조와 어순

(네이버 블로그 https://blog.naver.com/odyssey300/222726163030 에서 인용함)

1) 한문 문장의 구조

가) 병렬 구조

- 대립관계 ; 天地(천지), 苦樂(고락), 대소(大小), 强弱(강약) 등
- 대등관계 ; 父母(부모), 子女(자녀), 喜怒哀樂(희노애락) 등
- 유사관계 ; 土地(토지), 根本(근본), 衣服(의복) 등

병렬구조는 기본적으로 우리말 조사 '과'나 '와'를 붙여서 해석한다. 조사를 생략하고 한 단어처럼 옮길 때도 많다.

나) (서술어 + 목적어) 구조

讀書(독서) - 책을 읽다.
植木(식목) - 나무를 심다.
修身(수신) - 몸을 닦다.

우리말 해석은 우리말 목적격 조사 '을, 를'을 붙이면 된다.

다) (서술어 + 보어) 구조

술어 다음에 나오는 글자는 목적어가 아니라 자동사의 뜻을 보완해 주는 보어 개념이다. 우리말로 해석하면 '~가 어떠하다'는 형식이다. 다만 주술(주어+술어) 구조와 비슷해 보이지만 어순(語順)이 다르다. 주로 한자 有(유), 無(무), 在(재), 難(난), 易(이) 등의 글자가 서술어로 쓰일 때 〈

술어+보어〉 관계의 문장이다.

有情(유정) - 정이 있다, 無情(무정) - 정이 없다.

여기에서 정(情)이 주어가 아니라 유(有)와 무(無)란 서술어의 보어가 된다. 주어는 반드시 술어 앞에 위치하지만 보어는 술어 다음에 오는데, 한문에서는 어순이 중요하다.

登山(등산) - 산에 오르다.

入學(입학) - 학교에 들어가다.

乘車(승차) - 차에 타다.

보어에 우리말 조사 '에'를 붙여서 해석한다.

라) 주술과 수식 구조

주술 구조와 수식 구조는 말 그대로 어순에 의해 결정된다. 한문에서 수식을 하는 글자는 반드시 수식을 받은 글자 앞에 위치한다(수식어+피수식어). 이 위치가 바뀌면 바로 (주어+술어)인 주술 구조가 된다.

流水(유수): 흐르는 물 - 수식구조

水流(수류): 물이 흐르다. - 주술구조

明月(명월): 밝은 달 - 수식구조

月明(월명): 달이 밝다. - 주술구조

高山(고산): 높은 산 - 수식구조

山高(산고): 산이 높다. - 주술구조

2) 한문 문장의 어순

한문의 어순은 영어와 비슷하다.

가) 주어+술어 (영어의 1형식)

- 주어+명사: 공자성인야(孔子聖人也) 공자는 성인이다.

- 주어+동사: 조비(鳥飛) 새가 날다.

- 주어+형용사: 초목심미(草木甚美) 초목이 매우 아름답다.

나) 주어+술어+보어 (영어의 2형식)

- 가정맹어호(苛政猛於虎): 가혹한 정치(또는 세금)는 호랑이보다 무섭다.

다) 주어+술어+목적어 (영어의 3형식)

- 아독서(我讀書) 나는 책을 읽는다.

라) 주어+술어+간접목적어+직접목적어 (영어의 4형식)

- 선생여아선언(先生與我善言) 선생님이 나에게 좋은 말씀을 주셨다.

마) 주어+술어+목적어+보어 (영어의 5형식)

- 공자문례어노자(孔子問禮於老子) 공자가 노자에게 예에 대하여 물었다. 그러나 이상의 기본형식은 실제에 있어 예외, 즉 생략(省略)과 도치(倒置)가 많다는 점을 고려하여야 한다. 예를 들면 "지피지기 백전불태(知彼知己 百戰不殆)"에서는 주어가 생략되어 있다

學而時習

1. 명심보감의 편저자는 누구인가?
　① 공자　② 주자　③ 추적(秋適)　④ 이율곡

2. 명심보감의 탄생 시기는 지금으로부터 대략 몇 년 전인가?
　① 약 2,500년　② 약 1,500년　③ 약 1,000년　④ 약 700년

3. 다음 한문의 구조에서 다른 하나는?
　① 天地(천지)　② 苦樂(고락)　③ 强弱(강약)　④ 根本(근본)

4. 有情(유정, 정이 있다), 無情(무정, 정이 없다)에서 정(情)은 문장 구조에서 무엇이 되는가? ① 주어　② 목적어　③ 술어　④ 보어

5. 한문은 어순이 중요하다. 아래에서 다른 것 하나는?
　① 登山(등산)　② 入學(입학)　③ 乘車(승차)　④ 流水(유수)

6. 주어+술어+보어 (영어의 2형식) 형식인 문장은?
　① 공자성인야(孔子聖人也)　② 조비(鳥飛)
　③ 초목심미(草木甚美)　④ 가정맹어호(苛政猛於虎)

----
1. ③　2. ④　3. ④　4. ④　5. ④　6. ④

③ 각 편의 원문 해설

1. 계선편(繼善篇)

끊임없이 선행을 이어가라는 글

선하게 살아야 하는 이유와
악한 자의 종말이 무엇인지를 가르치고,
선과 악에 대한 변별력이 있어야 하고,
끊임없이 선을 따르며 살라고 가르치고 있다.

① 爲善者는 天報之以福하고
　위선자　　천보지이복
爲不善者는 天報之以禍니라
　위불선자　　천보지이화

〈孔子〉

착한 일을 하는 사람은 하늘이 이들에게 복으로 보답해 주시고,
악한 일을 하는 사람은 하늘이 이들에게 재앙으로 보복한다.

〈공자〉

한자풀이
爲(위) : 하다. 행하다.
報(보) : 갚아주다. 보답하다.
之(지) : ① 그것(지시대명사). ② 가다(go)의 뜻도 있고, ③ '~의'의 뜻도 있다.
以(이) : 으로써. 로서.

해설
콩 심은 데 콩 나고 팥 심은 데 팥 나듯이 심은 대로 거둔다. 창조가 있으니 종말이 있는 것이고, 윤회의 법칙에 따라 인과응보가 있다. 사랑은 사랑을 낳고 미움은 미움을 낳는 것과 같이, 선과 악의 결과는 그 원인에 따라 달라진다.

출처: 공자(孔子, BC 552~479)

이름은 구(丘), 자(字)는 중니(仲尼). 춘추시대 말엽 산동성 노(魯)나라 곡부 출생. 유교의 도를 세움. 그가 한 말과 행실을 기록한 글이 '논어(論語)'이다.

예화

죽는 날까지 하늘을 우러러
한 점 부끄럼 없기를,
잎새에 이는 바람에도
나는 괴로워했다.

위의 시는 윤동주 시인의 '서시(序詩)'의 일부이다. 예로부터 사람의 최고 최선의 가치는 한 점 부끄러움이 없는 사람으로 사는데 있었다. '춘향전'에서 악의 화신 변사또가 무릎을 꿇고, 선의 화신 이몽룡이 복을 받는 것도 이에 대한 열망 때문이었다.

중국의 고대 주(周)나라의 위대한 임금으로 우왕(禹王), 탕왕(湯王), 문왕(文王), 무왕(武王)을 꼽았고, 그 반대로 걸왕(桀王), 주왕(紂王), 유왕(幽王), 여왕(厲王)을 포악한 임금으로 쳤다. 그래서 선한 왕에게는 백성의 사랑을 받는 복이 주어졌고, 악한 왕에게는 재앙을 내려 나라를 망하게 하였다.

② 勿以善小而不爲하고 勿以惡小而爲之하라
　　물이선소이불위　　　　물이악소이위지

〈劉備〉

착한 일이 작다고 하여 행하지 않으면 안 되고,
악한 일이 작다고 하여 행해서는 안 된다.

〈유비〉

한자풀이
善(선) : 착하다. 많다. 善惡(선악)
勿(물) : ~으로써 하지 말라.
而(이) : 말 이을(접속사). 어조사.
之(지) : 지시대명사로 쓰이고 있다.

해설
바늘도둑이 소도둑 되고, 티끌 모아 태산이 된다고 했다. 천 리 길도 한 걸음에 시작되고, 한 방울이 모이고 모여 강을 이룬다. 이와 같이 자잘한 습관이 모여 인격이 되고, 그 인격이 운명을 짓는다.
그러므로 악은 작은 것이라도 보지 말고, 선은 아무리 작은 것이라도 모른 척하지 말라는 뜻이다.

출처: 유비(劉備, 162~223)

삼국시대의 촉(蜀)나라의 초대 황제. 관우(關羽)와 장비(張飛)와 더불어 도원에서 형제를 결의하고 제갈량(諸葛亮)의 보필을 받아 위(魏)·오(吳)와 더불어 삼국을 형성함. 오나라와의 전쟁에서 패하여 병사하였다. 소열제(昭烈帝)라고도 한다.

예화

"스님, 이제 돌아가겠습니다."

도연명은 자리에서 일어났다. 너무 오래 현령의 자리를 비워두고 산 속에 들어와 시간을 보낼 수 없었다. 스님 혜원도 합장을 하며 전송을 하려고 했다.

"스님, 조금만 더 걸으시지요. 스님이야 속세를 떠나셨으니 구름처럼 자유롭지 않습니까? 저처럼 관리로 사는 자는 여러 행동 제약이 있지만 말입니다."

"함께 더 걷고 싶지만 그럴 수 없네. 이 개울 앞에서 헤어지게나." 도연명은 헤어지기가 섭섭했다.

"개울을 함께 건너신 다음에 헤어지면 안 될까요?"

"여보게. 이 개울을 나는 30여년간 건너본 적이 없다네."

"그게 계율이라는 것입니까?"

"유비가 '착한 일이 작다고 하여 행하지 않으면 안 되고, 악한 일이 작다고 하여 이를 행해서는 안 된다.'라고 했지요. 작은 계율을 지킬 수 없는 사람이 어떻게 큰 계율을 지킬 수 있겠는가?"

혜원(335~417)은 정토종(淨土宗)의 시조가 되었다.

③ 一日不念善이면 諸惡이 皆自起니라
일일불염선　　　제악　　개자기

〈莊子〉

하루라도 착한 것을 생각하지 않으면,
여러 가지 악이 모두 저절로 일어난다.

〈장자〉

한자풀이
自(자) : 스스로. 몸소. 자기. 저절로. 自己(자기)
念(염) : 생각하다. 읊다. 念願(염원)
諸(제) : 모든. 여러. 諸君(제군)
皆(개) : 다. 모두

해설
'악은 모양도 내지 말라'는 경전의 말도 있다. 인간의 본성은 악하다는 성악설도 있듯이 인간의 성향은 악으로 달려가기 쉽다.
진흙탕에 있으면 더럽혀지는 것과 같이 사람도 선한 생각을 하고 그러한 환경에서 살 때 악한 것과 멀리할 수 있다.

출처: 장자(莊者, BC 365~290)

전국시대의 송(宋)나라 사람. 노자의 무위자연(無爲自然)의 학설을 이어 받아 노장사상을 이룩하였고, 도가(道家)를 완성하였다. 절대적 자유의 경지에서 노닐 것을 주장하였다.

예화

고려 공민왕 때라면 나라가 어수선하던 시기였다. 어느날 일을 마치고 우애 깊은 형과 아우가 집으로 돌아가고 있었다.

이제 곧 강을 건너는 일만 남았다. 그때였다.

"저건 뭐야? 번쩍 하고 빛나잖아."

길섶에 다가간 두 형제는 눈이 휘둥그레졌다.

"황금이잖아."

형이 소리쳤다. 두 개의 커다란 황금덩어리였다.

"이건 우리 형제에게 주는 하늘의 선물이 아닐 수 없다. 하나씩 나눠 갖자."

형과 동생은 주운 황금을 한 개씩 나눠 가졌다. 강기슭에 이른 형제는 배를 탔다. 강 한가운데 이르렀을 때였다. 동생이 갑자기 눈 깜짝할 사이에 황금을 강물 속에 던져 버렸다. 동생이 까닭을 말했다.

처음 발견한 사람은 나야. 그러니까 둘 다 내 것이지. 그런 생각이 들자 형을 미워하는 마음이 들기 시작했어."

"그래서?"

"이 황금은 우리 형제의 우애를 갈라놓는 시험 덩어리야. 그래서 황금보다 형님과의 우애가 더 소중한 거라고 마음먹었어."

형도 동생을 따라 황금을 강물에 던졌다.

④ 見善如渴하고 聞惡如聾하라
　　견선여갈　　　　문악여롱
　善事란 須貪하고 惡事란 莫樂하라
　　선사　　수탐　　　악사　　막락

〈太公〉

착한 일을 보면 목마른 것 같이 하고,
악한 일을 들으면 귀머거리 같이 하라.
착한 일은 모름지기 탐내어야 하고,
악한 일은 즐겨 해서는 안 된다.

〈태공〉

한자풀이
見(견) : 보다. 생각해 보다. 見學(견학)
渴(갈) : 목이 마르다. 渴症(갈증)
聞(문) : 듣다. 알다. 新聞(신문)
莫(막) : 없다. 말다.

해설
학교 교훈 가운데는 '착한 사람이 되자'라는 게 있다. 지식의 습득만이 교육이 아니라 선악에 대한 분별력과 능력을 기르는 것, 특히 악을 멀리하고 선을 좇아 살게 하는 것이 교육의 기본임은 예나 지금이나 다르지 않다.

출처: 태공(太公, BC 1112~미상)

중국 주(周)나라의 정치가. 강태공 혹은 태공망(太公望)이라고도 한다. 위수(渭水)에서 낚시질을 하다가 문왕(文王)의 스승이 되어, 폭군 주왕(紂王)을 타도하고 천하를 평정하는데 큰 공을 세웠다.

예화

정붕은 오늘도 유자광이 있는 집 쪽을 바라보며 탄식했다.

"언젠가는 그의 죄가 드러날 날이 올 텐데."

유자광은 정붕의 친척이기도 했다. 정붕이 청렴하게 살려고 하는 선비인데 비해 유자광은 온갖 악행을 일삼는 잔인한 자였다. 그가 얼마 전 죽인 남이 장군만 해도 스물여섯에 병조판서가 된, 나라의 큰 인물이었다.

남이 장군만이 아니었다. 유자광은 자신의 뜻을 따르지 않는 자면 가차 없이 죄를 씌워 죽였던 것이다. 사실 하인을 보낸 것도 정붕이 짜낸 꾀였다.

자신이 직접 찾아가 인사를 해야 했다. 그러나 자신이 유자광의 집에 발을 들여놓는다는 것은 악을 쫓는 일이었다. 그렇다고 아예 발을 끊는다면 유자광이 어떤 보복을 해올지 알 수 없었다.

이렇듯 정붕은 유자광의 마수에서 벗어나려고 했다. 그리하여 뒷날 유자광이 처벌을 받게 될 때 정붕은 그 화에서 피할 수 있었다.

악한 일은 즐겨 해서는 안 된다는 철칙을 그는 지켰던 것이다.

⑤ 積金以遺子孫이라도 未必子孫이 能盡守요
   적금이유자손   미필자손   능진수
積書以遺子孫이라도 未必子孫 能盡讀이니
   적서이유자손   미필자손   능진독
不如積陰德於冥冥之中하여 以爲子孫之計也니라
   불여적음덕어명명지중   이위자손지계야
〈司馬溫公〉

금(돈)을 쌓아 자손에게 남겨 주어도 반드시 자손이 능히 다 지키지 못하고, 책을 쌓아 자손에게 주어도 반드시 자손이 능히 다 읽지 못한다. 그러므로 음덕을 남모르는 가운데 쌓고 쌓아, 그로써 자손을 위한 계책을 삼음만 못하다.

〈사마온공〉

한자풀이
積(적) : 쌓다. 쌓이다. 積善(적선)
遺(유) : 남기다. 遺言(유언)
盡(진) : 다하다. 盡力(진력)
陰(음) : 응달. 음(陰). 축축함. 陰德(음덕)

해설
황금과 지식은 그것 자체로는 소중한 것이나 재산은 3대를 가기 어렵다. 학자 집안에서 망나니가 태어나기도 한다. 사람은 서로 더불어 살아가는 덕을 쌓아야 한다. 특히 음덕을 쌓고 음덕을 베풀어 보아라.

출처: 사마온공(司馬溫公, 1019~1086)

중국 송나라의 정치가. 사가(史家). 시호는 문정공(文正公). 왕안석의 신법(新法)에 반대한 구법파(舊法派)의 영수였다. 그의 저서 자치통감(資治通鑑)은 294권으로 된 1300여년의 역사를 기록한 편년체(編年體) 사서(史書)의 모범이다.

예화

중국 춘추시대 초나라의 손숙오는 성인이 된 후 벼슬까지 했다. 그러나 청렴했던 그가 죽을 때는 재산을 남긴 게 별로 없었다. 어느 해, 왕이 연회를 연 자리에 죽은 손숙오가 나타났다. 왕은 자신이 잡고 있는 손이 사실은 광대라는 것조차 잊고 있었다. 광대들은 얼굴에 분장을 하고 나타나 주흥을 돋우어 주는 춤을 추거나 재담을 하고는 했다. 이날도 광대가 주흥을 돋우고 있었는데 임금은 그가 광대라는 사실도 잊은 채, 손숙오가 살아 돌아온 줄로만 알았다.

"나를 도와주구려. 나라가 너무도 어렵소."

"그럴 수 없습니다. 지난 날 저는 몸을 바쳐 일했습니다. 하지만 지금 제 후손들은 살기가 막막해져 떠돌고 있습니다. 어떻게 제가 다시 벼슬을 할 마음이 있겠습니까?"

왕은 민망하고 부끄러웠다. 그러는 사이에 손숙오는 사라지고, 왕의 시선에 광대가 보였다. 한 때 나라의 재상을 지냈던 집안의 자식이 그런 푸대접을 받고 있다면 누가 나라를 위해 열심히 일을 하겠습니까?"

왕은 "비록 너는 광대지만, 내게 큰 깨달음을 주었다."고 칭찬했다.

⑥ **恩義를 廣施하라 人生何處不相逢이라**
　　은의　　광시　　　인생하처 불상봉
讐怨을 莫結하라 路逢狹處면 難回避니라
　　수원　　막결　　　노봉협처　　난회피

〈景行錄〉

사람이 살다보면 어느 곳에서든지 서로 만나지 않겠는가? 원수를 맺지 말고 은혜와 의리를 널리 베풀어라. 길이 좁은 곳에서 만나게 되면 피하기가 어렵도다.

〈경행록〉

한자풀이
廣(광) : 넓다. 廣野(광야)
施(시) : 베풀다. 施惠(시혜)
結(결) : 맺다. 結婚(결혼)
狹(협) : 좁다. 狹小(협소)
避(피) : 피하다. 避難(피난)

해설
은혜를 모르면 개만도 못하다. 남에게 상처를 주는 일, 남에게 피해를 주는 일, 남을 미워하는 일, 배반하는 일은 곧 원수를 맺는 일이다. 세상은 넓은 것 같지만 좁아서 외나무다리에서 원수를 만나게 된다. 도망갈 구멍이 없게 된다. 은혜와 의리를 저버렸거나, 지난 날이 원수가 되었기 때문이리라.

출처: 경행록(景行錄)

중국 송나라 때 편찬된 책이나, 저자는 알려져 있지 않다. 책의 원본이 없다. 경행(景行)이란 밝고 떳떳한 행동을 말한다.

예화

조선 선조 때의 일이다. 김하서와 유희춘은 친구사이다.

유희춘은 김하서의 병이 걱정이 되었다. 전염병이라 사람들이 가까이 하려 하지 않아 거의 죽을 지경이 되었다는 소식을 듣고 가만히 있을 수 없었다. 찾아가 손을 써야겠다고 하니 눈살을 찌푸렸다.

"김하서는 내가 어렸을 적에 한 글방에서 공부를 한 벗이야. 내가 살려줘야지."

유희춘은 생원으로 있는 김하서의 집으로 달려갔다. 다 죽어 가는 그를 집에 옮겨 놓고 극진히 간호했다.

"고맙네. 자네 덕분에 죽을 목숨을 건졌으니 죽을 때까지 잊지 않겠네."

김하서는 다행히 병석에서 일어났다. 뒷날 부제학을 지낸 유희춘이 귀양을 갔다. 아무도 귀양을 간 집안과 혼사를 맺은 생각을 하지 않았다. 이때에 김하서가 딸을 앉혀 놓고 "네가 그 집에 시집을 가야 한다."

이렇게 해서 유희춘과 김하서의 집안이 하나가 되었다. 은혜와 의리를 겸하여 지킨 사람이었다.

⑦ 於我善者도 我亦善之하고
　어아선자　　아역선지
　於我惡者도 我亦善之하라.
　어아악자　　아역선지
　我既於人에 無惡이면 人能於我에 無惡哉인저
　아기어인　　무악　　　인능어아　　무악재
〈莊子〉

나에게 착하게 구는 사람에겐 나 또한 그에게 착하게 대하고, 나에게 악하게 대하는 사람에게도 착하게 대하라. 내가 이미 남에게 악하게 한 일이 없다면, 남도 나에게 악하게 하지 못할 것이다.
〈장자〉

한자풀이
於(어) : ~에. ~에게
亦(역) : 또. 또한. 亦是(역시)
既(기) : 벌써. 이미. 既往(기왕)
哉(재) : 감탄종결사. 의문종결사

해설
대개는 악을 악으로 갚는다. 개인의 싸움이 이러한데 나라 사이의 전쟁은 더욱 상대적이다. 미국 뉴욕의 쌍둥이빌딩을 덮친 비행기 테러사건 이후, 선과 악의 대결은 극명한 모습으로 등장한다. 그러나 악을 선으로 대해야, 악순환은 그칠 수 있게 된다.

예화

우여곡절 끝에 진나라가 조나라의 성을 빼앗았다. 그런 뒤 진이 조에게 평화교섭을 통고해 왔을 때, 조나라 혜문왕은 두려워 망설였다. 이런 때에 대장군 인상여와 염파가 왕에게 나아가,

"왕께서 이에 응하지 않으시면 우리 조나라가 약하고 비겁하다는 걸 보여주는 결과가 됩니다." 라고 권했다. 왕은 따르기로 했다. 인상여가 왕을 모시고 가기로 하고, 염파는 남아서 나라를 지키기로 했다.

진나라 왕이 혜문왕을 낮춰 보자 인상여가 지혜롭게 잘 대처해 혜문왕이 궁지에 빠지지 않도록 했다. 얼마 뒤 귀국한 혜문왕은 인상여의 공을 높이 사 경대부 자리에 임명했다.

염파는 인상여가 자기보다 높은 자리에 오르자 불만을 억누를 수 없었다.

"나는 혁혁한 전공을 세운 자다. 인상여는 겨우 입과 혀를 움직였을 뿐인데 나보다 벼슬이 높아졌다. 그런데다가 인상여는 비천한 계급의 출신자다. 내가 그런 자의 아래에 있을 수 있겠는가? 인상여를 만나기만 하면 크게 모욕을 주겠다."

이러한 사실을 들은 인상여는 염파와 마주치지 않도록 조심했다. 그뿐만 아니라 조정에서의 조회 때에도 병이라 일컫고 불참했다.

한번은 외출한 인상여가 저만치 염파의 일행이 지나가는 것을 보자 옆 골목으로 피해 몸을 가렸다.

이에 인상여의 하인들이, "우리가 대감을 모시는 것은 그 높으신 뜻을 존경하기 때문입니다. 그런데 염 장군을 호랑이처럼 두려워하여 이렇게 피해 다니시니, 민망스럽습니다."

"너희들 생각에 염 장군과 진나라 왕과 어느 쪽이 더 무섭다고 생각하느냐?"

"그야 진왕입지요."

"얼마 전 진나라에 갔다가 그런 진왕을 내가 꾸짖은 일이 있었다. 그런 내가 염 장군을 겁내고 있다고 생각하느냐?

진나라가 우리나라를 함부로 넘보지 않는 것은 염 장군과 내가 있기 때문이다. 내가 염 장군과 맞서 싸운다면 진나라에 기회를 주는 일이고, 결국에는 나와 염 장군도 살아남지 못하는 일이 된다. 왜 내가 염 장군을 피하는지 알겠느냐?"

하인들은 일제히 "네!" 라고 소리쳐 대답했다. 인상여는 국가의 위난을 먼저 생각했고, 개인적인 원망은 뒤로 돌려놓았던 것이다. 이러한 인상여의 태도가 염파에게 알려졌다. 염파는 부끄럽기 그지없었다. 그 길로 벌거벗은 몸에 가시나무를 지고 인상여를 찾아가 사죄했다.

"이 천한 사람이 장군의 깊은 뜻과 아량을 헤아리지 못했습니다."

그 날로 두 사람은 목에 칼을 들이대도 변하지 않는 친구가 되었다.

⑧ 一日行善이라도 福雖未至나 禍自遠矣요
　　일일행선　　　　복수미지　　　화자원의
　一日行惡이라도 禍雖未至나 福自遠矣니라.
　　일일행악　　　　화수미지　　　복자원의
〈東岳聖帝 垂訓〉

매일 착한 일을 하면 복은 비록 당장에 오지 않더라도 재앙은 스스로 멀어질 것이요, 매일 악한 일을 하면 재앙은 비록 당장에 오지 않더라도 복은 스스로 멀어지는 것이다.

〈동악성제 수훈〉

한자풀이
雖(수) : 비록. ~라 하더라도
未(미) : 아니다. 아직 ~하지 못하다. 未熟(미숙)
至(지) : 이르다. 미치다. 닿다
遠(원) : 멀다. 아득하다. 遠征(원정)

해설
악과 재앙은 몸속에 침입한 병균과 같아서 잠복해 있다가 질병으로 둔갑한다. 얼핏 보면 악행을 계속 저질러도 모든 게 잘 되어 간다. 하지만 결국 망한다. 일기를 쓰는 것도 이유가 있다. 쓰면서 반성하게 되고 실수와 어리석음을 느끼게 된다.

출처: 동악성제 수훈(東岳聖帝 垂訓)

동악성제란 도교에서 모시는 성인의 한 분으로 태산 등악묘의 주신(主神)이며, 옥황상제를 대신하여 인간의 생명을 관장한다. 원본은 불행히도 전해지지 않는다.

예화

조석윤은 오늘도 자신의 상관인 병마절도사(지금의 지역 사령관에 해당됨)에게 문안드리기를 잊지 않았다. 조석윤은 매우 성실하고 신중한 사람이다. 이러한 조석윤이 젊었을 때의 일이다. 하루는 조석윤이 한강에서 배를 타고 건너가다 배가 뒤집힌 사고가 있었다. 이를 목격한 마을 사람이 조석윤의 아버지에게 달려와 아들이 죽었다고 알렸다. 하지만 아버지는 걱정하지 않았다.

"이 두 눈으로 똑똑 보았는데도 말이오? 배가 물결에 휩쓸려 뒤집히는 걸 분명 보았고, 그 배에 자네 아들이 타는 것도 보았는데도 그러네. 자네 아들은 죽었네."

"난 내 아들을 믿네. 선행하기를 힘쓰는 자에게는 재앙이 절로 멀어진다고 하지 않는가?" 아버지의 말대로 조석윤이 대문을 밀고 들어섰다. 그가 그 배에 탔던 것은 목격자의 말대로 사실이었다. 그러나 그는 잠시 뒤 문제의 배에서 내렸던 것이다.

"배에 너무 많은 것을 태운 것을 보고 위험하다는 생각을 하고, 내렸습니다."

學而時習(학이시습)

1. 子曰 爲善者는 天報之以福하고 爲不善者는 天報之爲( )니라. ( )에 알맞은 글자는?
   ① 善　　② 惡　　③ 思　　④ 禍

2. 漢昭烈이 將終에 勅後主曰 勿以善小而不爲하고 勿以( )小而爲之하라. ( )속에 알맞은 글자는?
   ① 善　　② 惡　　③ 思　　④ 禍

3. 莊子曰 一日不念善이면 諸( )이 皆自起니라. ( )속의 글자는?
   ① 善　　② 惡　　③ 思　　④ 禍

4. 太公曰 見( )如渴하고 聞惡如聾하라. 又曰 善事란 須貪하고 惡事란 莫樂하라. ( ) 속에 알맞은 글자는?
   ① 善　　② 惡　　③ 思　　④ 禍

5. 명심보감 내용의 출처(기록물이나 인물) 중 오래 된 순서대로 나열해 보세요.
   ① 공자　② 강태공　③ 장자　④ 주자(朱子)

계선편의 문장은 주로 선과 악의 대립구조로 되어 있다. 1. ④ 2. ② 3. ② 4. ① 5. ②→①→③→④, ② 姜太公, 중국 周나라 초기 정치가 ① 孔子, 중국 춘추전국시대, 노나라 사상가(BC 552~479) ③ 장자(BC 365~290) ④ 주희(주자, 1130~1200)

2. 천명편(天命篇)

하늘에 순종하여 복을 구하는 글

천명편은 '하늘의 이치'와 '섭리'에 대한 글들이다.
따라서 우리가 말과 행동을 하는 데 있어서
조심하며 살아갈 것을 가르치고 있다.

① 順天者는 存하고 逆天者는 亡이니라
　순천자　　존　　　역천자　　망

〈孔子〉

하늘에 순종하는 자는 살고, 하늘을 거역하는 자는 망한다.

〈공자〉

한자풀이
天(천) : 하늘. 天命(천명)
順(순) : 좇다. 따르다. 순하다. 順應(순응)
存(존) : 있다. 存在(존재)
逆(역) : 거스르다. 배반하다. 어기다. 逆賊(역적)
亡(망) : 망하다. 달아나다. 죽다. 亡國(망국)

해설
죄 있든 없든 자연의 이치에 어긋나게 살면 그 자신이 먼저 알고 가슴이 섬뜩해 진다.
"아, 내가 하늘의 뜻을 어겼구나."
누가 지적하지 않았는데도 괴로워한다. 인간은 누구나 할 것 없이 하늘의 뜻에 따라 살려는 천명(天命) 정신이 있기 때문이다.

예화

왕건과 견훤의 이야기는 방송 드라마로도 널리 알려졌다. 백성이 따르는 지도자의 특징을 눈여겨 볼 수 있게 해준 역사극이었다. 그 중의 하나가 하늘을 거역하느냐 하지 않느냐의 차이다.

후백제를 일으킨 견훤은 포악한 면을 자주 드러냈다. 힘을 믿고 그 힘에만 의지했던 것이다. 폭력이 하늘을 거슬리는 일이라는 것을 알지 못했던 것이다.

견훤의 아들도 매 한가지였다. 그는 아버지를 제거하려는 역천자의 길을 걸었다. 끝내는 믿었던 아들이 칼을 들이댔다. 이때의 그 배신감은 얼마나 컸겠는가? 그가 갈 곳은 왕건의 고려밖에 없었다.

그런 반면 궁예를 내쫓은 왕건은 순천자의 자세를 취했다. 돌아선 민심을 바로 잡기 위해 백성의 고초를 헤아렸다. 제도를 고치고 세금을 감해 백성의 평안을 도모했던 것이다. 점차 왕건의 고려가 신뢰를 얻어 갈 수 있었다. 하늘의 뜻을 거역하지 않는 것이 평화라면, 하늘의 뜻에 반하는 것은 백성을 괴롭히는 일이었다. 고려가 민심을 얻자 후백제와 신라의 백성들이 고려로 몰려든 것은 당연한 일이었다.

결국 순천자는 존하고 역천자는 망하는 것을 여실하게 보여준 사례이다.

② 天聽이 寂無音하니 蒼蒼何處尋고
　　천청　　적무음　　　창창하처심
非高亦非遠이라 都只在人心이니라
　비고역비원　　　　도지재인심

〈邵康節〉

하늘의 들으심이 고요하고 소리가 없으니, 푸르고 푸른 속 그 어느 곳에서 찾을 것인가. 높이 있는 것도 아니고 또 멀리 있는 것도 아니다. 모두가 다만 사람의 마음속에 있을 뿐이다.

〈소강절〉

한자풀이
聽(청) : 듣다. 받다. 받아들이다. 聽從(청종)
寂(적) : 고요하다. 쓸쓸하다. 寂寞(적막)
蒼(창) : 푸르다. 우거지다. 무성해지다. 蒼空(창공)
都(도) : 모두
只(지) : 다만. 분

해설
"하늘은 왜 말이 없으십니까?"라고 탄식할 때가 있다. 하늘이 귀가 있어야 들을 일이고 입이 있어야 말을 할 것이다. 그렇지 않다는 것을 알면서도 인간은 끝없이 묻는다. 그러다가 무언가 들려 왔다고 믿게 된다. 그래서 인심(人心)이 곧 천심이라 믿게 되는 것이다.

출처: 소강절(邵康節, 1011~1077)

중국 송나라의 학자. 이름은 옹(雍), 강절(康節)은 시호임. 그는 주돈이의 이기론(理氣論)에 대해 상수론(象數論)을 세운 사람이다.

예화

안탄대의 일생은 자세를 낮춰 살아간 사람이다. 딸 창빈이가 조선 중종의 후궁이 되었으니 얼마든지 높은 자리에 나아갈 수 있었다. 그리고 창빈에게서 난 둘째 왕자는 선조 대왕이 되었다. 손자가 임금이 된 것이므로 안탄대의 지위 또한 그만큼 높아진 것이다. 하지만 안탄대는 비단옷을 입지 않았다. 왕자 덕흥군의 아들이 선조이다. 선조가 한번은 외증조부를 위안해 주려는 순수한 뜻에서 담비가죽으로 옷을 지어 보내려고 했다.

안탄대는 "나는 천한 사람이요. 담비가죽을 입는다는 것은 죄를 짓는 일입니다.

안탄대의 겸양에는 다른 뜻이 있었던 게 아니었다. 마음을 맑게 하여 천심을 들으려는데 있었다. 재물이나 권력에 마음이 쏠아지게 되면 그 본성을 잃게 된다는 것이 그의 생각이었다. 선조는 마지못해 머리를 썼다. 담비가죽을 개가죽이라고 속여 옷을 내려 보냈다. "궁궐의 개는 다른 데가 있나 보군. 털이 이렇게 부드러울 수 없구나."

노쇠해 눈이 잘 보이지 않았던 안탄대는 담비가죽인줄 알았으면 입지 않았을 것이다.

③ 人間私語라도 天聽은 若雷하고
　　인간사어　　　천청　　약뢰
　暗室欺心이라도 神目은 如電이니라.
　　암실기심　　　　신목　　여전

〈玄帝 垂訓〉

사람들 간의 사사로운 언어라도 하늘이 들으심은 우레와 같고, 어두운 방안에서 마음을 속일지라도 귀신의 눈은 번개와 같다.

〈현제 수훈〉

한자풀이
雷(뢰) : 우레. 천둥. 雷聲(뇌성)
暗(암) : 어둡다. 몰래. 暗鬪(암투)
室(실) : 집. 방. 거처. 室內(실내)
欺(기) : 속이다. 거짓. 허위. 欺瞞(기만)
電(전) : 번개. 電光石火(전광석화)

해설
남을 속일 수 있다. 하늘도 모를 것이라고 자신할 수 있다. 그러나 속인 자신은 잘 안다. 술병이 깨지면 술이 쏟아지고, 나는 것은 술 냄새일 뿐이다. 그렇다면 우리는 무엇을 가슴에 품으며 살아야 하는가?

출처: 현제 수훈(玄帝 垂訓)

현제는 도교 신의 하나이며, 수훈이란 훈계를 내린다는 뜻이다. 불행히도 이 책은 존재하지 않고 있다.

예화

홍인우는 조선조 때 인물로 벼슬에 뜻을 두지 않고 평생을 살았다. 그의 관심은 오직 학문 뿐이었다. 홍인우는 대학자 서경덕과 이황의 제자였다.

그의 생활은 늘 경건했다. 몸과 마음을 늘 반듯하게 가졌다.

그의 아내가 보기에도 지나치다 싶었다. 남이 보지 않는다고 흐트러지는 법이 없었고. 어둠 속에서도 똑바른 태도를 잃지 않았다.

"여보, 좀 편안하게 사시는 게 좋잖아요."

아내가 말해도 매한가지였다. 그래서 그 연유를 물었다.

"그렇게 경건하게 살아야 할 까닭이 있습니까?"

홍인우는 아내를 바라보며 대답했다.

"현제 수훈의 가르침을 당신도 알 것이오. 인간들의 사사로운 말이라도 하늘의 들으심은 우레와 같고, 어두운 방안에서 마음을 속일지라도 귀신의 눈은 번개와 같다고 했소."

그러므로 보이지 않는다고 몸과 마음을 함부로 해서는 안 된다고 아내에게 강조했다.

④ 惡鑵이 若滿이면 天必誅之니라
악관　　약만　　　천필주지

〈益智書〉

나쁜 마음 가득 차게 되면
하늘이 반드시 벌을 내릴 것이다.

〈익지서〉

한자풀이
鑵(관): 두레박
滿(만) : 차다. 가득하다. 넉넉하다. 滿月(만월)
誅(주) : 베다. 죄인을 죽이다. 치다. 誅殺(주살)
益(익) : 더하다. 증가. 유익하다. 益智(익지)
智(지) : 슬기. 지혜. 모략. 꾀. 智略(지략)

해설
증오와 시기, 질투와 분노, 저주와 거짓 따위는 그 기세가 일어난 만큼 쉽게 꺾이지 않는다. 위선과 교만, 불만과 비방, 살의와 협잡 따위도 역시 매한가지다. 불길처럼 일어나는 나쁜 마음은 그 싹부터 잘라내지 않는다면 걷잡을 수 없다. 하늘이 그런 사람을 가만 두지 않는다는 것은 정한 이치다.

출처: 익지서(益智書)

송나라 때 편찬된 책으로 교양에 관한 내용이 실려 있다. 자세한 것은 전해 오지 않는다.

예화

춘추시대에 도척(盜拓)은 혼란한 틈을 이용해 악한 마음을 키워간 자였다. 그의 수하에 모여든 3천여 명의 부하들에게 가르친 것이란 도적질이었다. 그렇게 해서 호의호식하며 갖은 죄를 저질렀다.

남의 물건을 자기 것인 양 약탈하여, 많은 피해를 입히고 횡포를 부렸다. 결국 도척의 추종자들은 하나씩 잡혀가 사형장의 이슬로 사라졌다.

그리하여 마침내 도척도 죽었다. 두목이 죽고 나자 도척의 일당들은 흩어져 버렸다. 도둑으로 누렸던 호의호식은 흔적도 없이 사라졌다. 그들이 얼마나 악을 저질렀으면 지금도 도적의 대명사가 '도척'이 되었을까?

악(惡)의 글자를 파자(破字)해 보면 아(亞)자 밑에 마음 심(心)을 받쳐 놓은 것으로 되어 있다. 아(亞)자는 등이 굽은 모양을 형용한 것이고 흉한 것을 뜻한다. 글자의 모양대로 해석한다면 악이란 흉한 마음의 모양을 나타낸다.

물이 그릇에 가득 차면 넘친다. 마찬가지로 악이 가득차면 하늘의 벌이 있음은 당연한 이치다.

⑤ 若人이 作不善하여 得顯名者는
　　약인　　작불선　　　득현명자
人雖不害나 天必戮之니라
인수불해　　천필륙지

〈莊子〉

만약에 사람이 나쁜 짓을 하여 세상에 이름을 드러낸 자는, 비록 사람이 그를 해치지 못하더라도 하늘이 반드시 그를 죽일 것이다.

〈장자〉

한자풀이
作(작) : 짓다. 일어나다. 일으키다. 作業(작업)
得(득) : 얻다. 이익. 이득. 得失(득실)
顯(현) : 나타나다. 드러나다. 영달하다. 顯示(현시)
害(해) : 해치다. 훼방하다. 방해하다. 害惡(해악)
戮(륙) : 죽이다. 육시하다. 형벌. 戮屍(육시)

해설
세상에는 명예에 집착한 나머지 그 지위에 오르기 위해 위선자가 되고, 돈을 거머쥐기 위해 부정을 일삼는 사람이 있다. 그들이 성공했다 해도 잠시일 뿐이다. 우리가 눈을 다시 떠보면 세상의 조롱거리가 된 그들이 우리들 주변에서 어떻게 사라져 가고 있는가를 알게된다.

예화

남북조 시대에 권력에 휩싸인 살육은 허다했고, 그 극치는 다음 이야기에서 볼수 있다.

"영원토록 다시는 왕가(王家)에 태어나지 말기를!"

남조 송나라의 마지막 천자인 순제가 대궐에서 쫓겨나면서 눈물 뿌리며 한 말이다.

이토록 가슴 저린 유언을 남기게 한 장본인은 소도성(蕭道成)과 왕경칙(王敬則)이라는 두 인물이었다.

순제를 쫓아낸 소도성은 제나라를 세워 그 첫 왕 자리에 앉을 수 있었다.

"다시는 피 뿌리는 일이 없기를 바란다."

소도성이 이런 유언을 남긴 데에는 그가 무너뜨린 송나라 황실의 골육상쟁을 두 눈으로 보았기 때문이었다.

그러나 그 자신은 그러한 왕조의 왕위 찬탈의 보람도 없이 오래 살지 못하고 죽었다. 그리고 그의 유언도 별 쓸모없이 되고 말았으니, 그의 후손들이 골육상쟁을 벌였기 때문이다.

소도성의 뒤를 이어 무제가 2대 왕으로 앉았다고는 하지만 얼마 있지 않아 죽었다. 이때에 죽은 소도성의 형에게는 소란(簫鸞)이라는 아들이 있었다. 소란은 소도성에게 잔인하였다.

그는 어리석은 태자 소업을 3대에 앉힌 뒤, 7개월만에 목졸라 죽이고, 4대인 소업의 동생 소문을 앉혔다가 3개월 만에 독살해 버렸다.

그리고 소란은 야욕대로 왕위에 올랐지만 무슨 까닭인지 갑자기 병이 들었다. 아들 중에서 둘째 보권을 태자에 앉혔다.

병석에 누운 소란은 문득 제나라를 세운 큰아버지 소도성의 자식들을 생각하자 걱정이 되었다.

소란은 병상에서 그날로 심복을 시켜 10명이나 되는 큰집 조카들을 죽여 버렸다. 이렇게 해서 소란이 죽인 형제와 조카만도 모두 14명이나 되었다.

황실의 피 비린내는 제나라의 건국공신들에게 불안을 안겨주었다.

그 중 왕경칙에게는 더욱 불안이 컸다. 그는 소도성과 함께 송나라를 무너뜨린 특공의 인물이었다. 비록 대사마와 회계태수라는 융숭한 대접을 받고 있었지만 포악한 소란의 마수가 언제 자기에 닥칠지 몰랐다.

"이러다가 아무 소리 못하고 죽임을 당하겠구나!"

왕경칙은 경계태세를 갖추었다. 반면, 소란도 "왕경칙이 반란을 일으킬지도 몰라. 무슨 수를 써야겠군!"이라고 경계했다.

상대적이라 할 두 권력의 두려움과 불안이 번져 갔다. 묘하게도 소란이 취한 모종의 조치가 왕경칙이 불순한 일로 보았던 것이다.

"이건 나를 노리고 하는 게 분명하다."

왕경칙은 크게 노하여 군사를 일으켰다. 1만 명 군사가 수도인 건강(建康)으로 쳐들어 갈 때에는 10여만 명으로 불어났다.

행군 도중에 괭이나 막대기를 든 농민들이 대거 합류했던 것이다.

시시각각 조정으로 들어오는 보고는 불리한 것뿐이었다. 왕경칙이 아직 수도에 이르기 전, 성 북쪽에서 느닷없이 불길이 일어났다.

"정로정이 불타고 있다!"

이런 보고에 대궐 안은 일대 혼란에 빠졌다. 왕경칙이 공격한 줄로 알고 태자와 대신들이 도망칠 궁리에 여념이 없었다.

왕경칙이 이 소식을 들었다. 유쾌한 듯 크게 웃으며,

"서른 여섯 가지 계책 중에서 도망치는 게 상책이라더니(三十六計, 走爲上策), 너희 두 부자(父子)가 할 수 있는 거라고는 도망치는 것뿐이다."

그러나 왕경칙의 군대는 예상을 깨고 패하고 말았다. 관군이 후위를 치고 들어온 습격 때문이었다. 10만이라고 했지만, 훈련이 안 되어 있었고, 무기 또한 부족한 상태였다. 금방 왕경칙의 군대는 혼란이 가중되면서 일순간에 무너져 버렸던 것이다.

70 노장의 왕경칙도 목이 떨어지고 말았다. 며칠 전 상대가 도망치는 것을 보고 비웃은 그였다. 하지만 그 자신이 진정 도망칠 때를 알지 못했던 것이다.

그건 그렇고 골육상쟁을 불러일으킨 잔악한 소란의 재위기간은 3년에 불과했고, 제나라의 운명도 30년만에 그 끝을 다하고 말았다.

⑥ 種瓜得瓜요 種豆得豆니
  종과득과   종두득두
天網이 恢恢하여 疏而不漏니라
 천망   회회   소이불루

〈莊子〉

오이를 심으면 오이를 얻고 콩을 심으면 콩을 얻나니, 하늘의 그물이 넓고 넓어서 듬성듬성하지만 빠뜨리는 법이 없다.

〈장자〉

한자풀이
種(종) : 씨. 근본. 심다. 種子(종자)
瓜(과) : 오이. 참외
豆(두) : 콩. 팥
網(망) : 그물. 법. 규칙. 網絲(망사)
恢(회) : 넓다. 크다. 갖추다. 恢恢(회회)
疎(소) : 성글다. 통하다. 疎遠(소원)

해설
손바닥으로 하늘을 가릴 수 있을 것 같고, 손가락 하나로 보름달을 가릴 수 있는 것처럼 보이지만 그것은 착시일 뿐이다. 처음 싹이 날 때에는 엇비슷하지만, 조금만 더 자라면 오이 심은 데서 오이가 열리고, 콩 심은 데서 콩이 영그는 것이 자연의 법칙이다.

예화

정화원비는 욕심으로 가득한 왕비였다. 왕의 권력을 믿고 백성의 재산을 빼앗는 나쁜 일을 서슴지 않았다. 고려 충렬왕 때에 이행검은 전법사(典法司) 문관으로서 청렴하고 정직하게 살았다. 왕비의 소행을 막을 자는 아무도 없었다. 주위에서 아부꾼들이 왕비에게 재물을 갖다 바쳤다. 백성들은 전법사를 찾아와 하소연했다.

"바른 법을 세우고 이를 시행하는 곳이 전법사라 했습니다. 정화원비의 죄를 물어 주십시오."

이 전법사에 판서로 김서라는 인물이 있었다. 그는 백성의 애절한 사정은 들은 척도 안 했다. 오히려 간악한 왕비의 눈에 들려고 했으며, 하소연하러 온 무고한 백성을 감옥에 처넣기까지 했다. 이러한 행패를 이행검이 알게 되었다.

이행검의 항의에 김서는 운신의 폭이 좁아졌다. 그런데 이행검이 병이 든 사이에 김서는 무고한 백성에게 또다시 악행을 저질렀다.

그러나 그들에게 이상한 일이 생겨났다. 먹은 음식에 탈이나 병이 들더니 얼마 있지 않아 온몸에 종기가 나고 고름이 흘렀다. 모두 죽고 말았다. 이행검만이 그들의 모임에 참석하지 않아 화를 면했다. 심은 대로 거둔 것이다.

⑦ **獲罪於天이면**
획죄어천
無所禱也이니라
무소도야

〈孔子〉

하늘에 죄를 얻으면, 빌 곳조차 없다.

〈공자〉

한자풀이
獲(획) : 얻다. 짐승을 잡다. 손에 넣다. 獲得(획득)
於(어) : ~에. ~에서. ~에게. ~보다
禱(도) : 빌다. 기도하다. 祈禱(기도)
也(야) : 어조사

해설
평소 친분이 있는 사이라면 찾아가 부탁도 할 수 있고 빌릴 수도 있는 게 사람의 관계다. 만일 오가는 교분이 없다면 긴급할 때 찾아갈 수 없다. 찾아간다 해도 들어줄 리 없다. 하물며 방자하게도 하늘에 불경한 일을 저질러 놓고 "하느님! 살려주십시오."하고 부르짖는다면 하늘이 들어줄까?

예화

하나라 걸왕은 애첩 '말희'를 껴안고 새 궁전을 상상하자 기분이 좋았다. "네 소원대로 3천 명의 미녀들이 춤과 노래를 하는 걸 감상해 봐."

걸왕은 궁전 한쪽에 연못을 파고 바닥에는 하얀 자갈을 깔게 했다. 향기로운 술을 가득 부어 놓자 주지(酒池)가 되었고, 그 주변으로는 고기를 숲처럼 쌓아 놓고(肉林) 보니 즐길만 했다. 거기에 배를 띄우고 3천 명의 미녀가 춤추며 노래하는 가운데 걸왕과 말희는 쾌락을 즐겼다.

은나라 시대에 와서 주왕도 걸왕처럼 사치와 향락을 일삼았다. 애첩 '달기'에 빠져 그녀가 원하는 것이면 국고를 다 털어 욕망을 채워주었다. 지난날 걸왕과 말희가 했던 방탕 이상으로 놀아났다. 음탕한 곡조 '북리의 춤'과 '미미의 음악'이 흐르는 가운데 참석자는 남녀 고하 가릴 것 없이 알몸이 되어 육체의 향연을 벌였던 것이다.

어떤 때는 향연이 밤낮없이 120일간을 계속한 적도 있었다. 백성들은 장야지음(長夜之飮)을 보며 탄식했다. 달기라는 애첩은 지글지글 사람을 불에 태워 단말마(斷末魔, 인간이 죽을 때 느끼는 최후의 고통)를 보고 들으며 색욕을 채우는 짓까지 했다.

나라의 일을 하지 않고 이런 식으로 하늘에 죄를 지었으니 걸왕이고 주왕이 오래 그 자리에 있을 리 없었다. 모두 비참한 최후를 맞았다.

學而時習(천명편)

1. 우리 말로 '말하다'란 뜻을 한자로는 왈(曰) 또는 운(云)을 사용한다. 아래에서 왈(曰) 대신 운(云)을 사용하는 곳은?
  ① 공자 ② 소강절 ③ 이견지 ④ 경행록

2. 子曰 順天者는 ( )하고 ( )天者는 亡이라. ( )에 맞는 말은?
  ① 存-逆 ② 存-順 ③ 逆-亡 ④ 逆-亡

3. 康節 邵先生이 曰 "非高亦非遠이라 都只在人心이니라."에서 '都'의 뜻은?
  ① 도시 ② 도로 ③ 모두 ④ 거리

4. 玄帝 垂訓에 曰 "人間私語라도 天廳은 若雷하고 暗室欺心이라도 神目은 如電이니라."와 비슷한 우리나라 속담은?

5. "種瓜得瓜 種豆得豆"를 우리말로 번역하세요.

----

1. ④ 2. ① 3. ③ 4. 낮 말은 새가 듣고, 밤 말은 쥐가 듣는다. 5. 오이 씨를 심으면 오이를 얻고, 콩을 심으면 콩을 얻는다.

3. 순명편(順命篇)

운명을 따르는 지혜로운 글

자연의 이치를 거스르지 말고 하늘에 순종하고
분수를 지키며 살아간다면
몸과 마음이 편하다고 가르치고 있다.

① 死生이 有命이요
　사생　　유명
　富貴는 在天이니라
　부귀　　재천

〈孔子〉

죽고 사는 것은 운명에 달려 있고, 부귀는 하늘에 매여 있다.

〈공자〉

한자풀이
命(명) : 목숨. 운수. 명하다. 運命(운명)
富(부) : 재물이 많고 풍성하다. 富者(부자)
貴(귀) : 귀하다. 소중하다. 貴公子(귀공자)
在(재) : 있다. 보다. 살피다. 存在(존재)

해설
같은 날 같은 시간에 태어난 사람이 어느 사람은 세 살에 죽고 어느 사람은 여든에 죽는다. 한 형제라 해도 어느 쪽은 부자로 살고, 어느 쪽은 가난뱅이로 살아간다. 죽음을 두려워하지 않는 마음, 욕심을 부리지 않는 마음으로 살아간다면, 참된 삶을 살 수 있다.

예화

조선 세종 때의 황희 정승은 청빈하게 살았다. 그의 검소한 생활은 소문만이 아니었다. 한 나라의 재상이 어렵게 산다는 것을 그의 집안을 보아도 알 수 있었다. 사람들은 정직하게 살아가는 황희 정승을 칭찬하며 존경했다. 이러한 정승의 생활이 임금에게 알려졌다.

"정승, 듣자 하니 구차하게 살고 있다는 게 사실이오? 내일 남대문이 열리는 새벽부터 닫히는 저녁시간까지 그곳을 드나드는 장사꾼의 물건을 모두 사 드리겠소. 재상이 너무 가난하게 살아도 백성이 옳게 보지 않을 수가 있는 게요. 내 말대로 따르시오."

그런데 그 다음날 새벽부터 비가 오고 있었다. 열린 남대문은 한산하기 그지없었다. 임금의 명을 받은 신하는 종일 무료하게 보냈다.

저녁이 와 문이 닫히려 할 무렵 한 시골 노인이 계란 한 꾸러미를 들고 있었다. 신하는 계란 한 꾸러미를 사서 황희에게 보냈다. 그 계란은 모두 오래된 것이라 곯아 있었다. 그것을 안 황희는 한 마디 했다.

"부한 것이나 귀한 것이나 다 하늘에 속한 것이다. 재물은 나에게 속한 게 아니야."

황희는 탐욕 많은 조정의 신하들과는 달랐다. 한평생 청렴하게 지냈다. 그 때문에 황희는 다른 관료들로 부터 미움을 사기도 했다.

② 萬事는 分已定이어늘 浮生이 空自忙이니라
　 만사　　분이정　　　　부생　　공자망

〈孔子〉

만사는 분수가 이미 정해져 있는 것인데 떠다니는 인생들은 공연히 스스로 바쁘게 움직인다.

〈공자〉

한자풀이
分(분) : 나누다. 구별하다. 安分知足(안분지족)
已(이) : 이미. 말다. 그치다. 已往之事(이왕지사)
浮(부) : 뜨다. 떠오르다. 浮萍草(부평초)
空(공) : 비다. 다하다. 없다. 空中(공중)
忙(망) : 바쁘다. 조급하다. 忙中閑(망중한)

해설
폭풍우가 내리고 천둥번개가 지나간 뒤에 바다는 정화가 되고, 공기에 필요한 요소들이 첨가된다는 것을 과학자들이 알아냈다. 복이 있을 때와 재앙이 있을 때는 그것이 필요하게 된 조화가 있게 마련이다. 이 자연의 이치를 깨닫고 사는 자야말로 참된 행복을 누릴 수 있다.

예화

변방에 사는 한 노인이 애지중지 기르던 말이 국경을 넘어 오랑캐 땅으로 달아났다. 이웃 사람들은 위로를 했다.

그러나 노인은 슬퍼하는 기색도 없었다.

"앞날은 알 수 없는 일이오. 말이 달아나긴 했지만, 이 일이 복으로 바뀔지 어떻게 알겠소?"

노인의 말대로 몇 달 후, 달아난 말이 오랑캐의 준마를 거느리고 돌아왔다. 이웃 사람들이 놀라워하며 축하했지만, 노인은 또 뜻밖의 말을 했다.

"앞날은 알 수 없는 일이오. 이 일이 재앙이 되지 않는다고 할 수 없지 않겠소?"

이런 말에도 불구하고 말들은 새끼를 치며 불어났다. 그런데 노인의 아들은 말에서 떨어져 다리가 부러졌다. 그러나 노인은 "앞날은 알 수 없는 일이오. 이 일이 복이 되지 않는다고 할 수 없지 않겠소?"

1년이 지났다. 오랑캐가 국경을 넘어 공격해 왔다. 징집된 젊은이들은 열에 아홉이 죽었다. 노인의 아들은 불구라 전쟁에 나가지 않아 무사했다.

노인은 인간의 길흉화복을 함부로 예단하지 않았다. 다만 겸허한 마음을 갖고 인생을 대할 뿐이었다.

③ 禍不可倖免이오 福不可再求니라
화불가행면　　　복불가재구

〈景行錄〉

재앙은 요행으로 모면할 수 있는 것이 아니요, 복은 두 번 거듭 구할 수 있는 것이 아니다.

〈경행록〉

한자풀이
禍(화) : 재화. 불행. 재난. 禍根(화근)
倖(행) : 요행. 아첨하다. 僥倖(요행)
免(면) : 면하다. 벗다. 免職(면직)
再(재) : 둘. 거듭. 다시 한 번. 再起(재기)
求(구) : 구하다. 청하다. 묻다. 求職(구직)

해설
"얘야, 돈은 벌 수 있을 때에 벌어야 한다."
나이 드신 분들이 하는 말이다. 기회는 두 번 다시 오지 않으므로 젊어서 열심히 일하라고 가르치는 것이다. 대강대강 해놓고 나면 온갖 화재와 붕괴와 폭발의 재앙이 일어나기 쉽다.

예화

　조선 명종 때 홍계관은 뛰어난 점쟁이였다. 하루는 홍계관이 자신의 점을 쳐보니 몇 달을 살지 못하리라는 점괘가 나왔다.
　죽게 된다는 그날 그 시각 용상 아래 홍계관이 숨어들었다. 그것이 살 길이라는 점괘였던 것이다. 용상 위에 임금이 앉아 있었다.
　그때에 무엄하게도 쥐 한 마리가 나타났다가 재빨리 궁궐 뜰 한 구석의 구멍으로 사라졌다. 심심하던 차에 임금이 물었다.
　"방금 쥐가 지나갔다. 몇 마리였지?"
　"모두 세 마리입니다."
　명종은 한 마리를 보았기에 신하를 불러 홍계관을 처형하게 했다.
　홍계관이 끌려가다가 "쥐는 새끼를 밴 어미입니다."라고 말했다.
　임금은 기분이 나빴다. 쥐가 사라진 구멍을 파 보게 했다.
　"홍계관이 말이 맞구나. 처형을 중지하라."고 명령을 내렸다.
　칼을 든 망나니가 홍계관의 목을 막 치려 하는 때였다. 멈추라고 소리치며 손을 흔들었다. 그러나 칼날은 홍계관의 목에 떨어졌다.
　집행자 망나니는 달려오는 사람의 손을 보고 빨리 하라는 신호로 보았던 것이다. 점쟁이 홍계관은 그렇게 사라졌다.

學而時習(순명편)

1. 子曰 死生( )命이오 富貴在天이니라.
   ① 有   ② 在   ③ 於   ④ 無

2. 萬事分已定이어늘 浮生空自忙이니라.
   "모든 일은 분수가 이미 정하여져 있는데 세상 사람들이 부질없이 스스로 바쁘게 움직인다." 이 내용을 개신교에서는 뭐라고 부르는가?
   ① 왕권신수설 ② 예정설 ③ 삼위일체설 ④ 면벌설

3. 景行錄에 云 "禍不可倖免이오 ( )不可再求니라."에서 ( )속에 알맞은 한자는?
   ① 善   ② 禍   ③ 福   ④ 罪

4. 명심보감을 한자로 쓰면?
   ① 銘心寶鑑   ② 冥心寶鑑   ③ 明心寶感   ④ 明心寶鑑

5. 명심보감에서 "운명에 따라 살아가는 지혜"를 강조하는 내용은 명심보감의 어느 편인가?
   ① 계선편 ② 천명편 ③ 순명편   ④ 운명편

----
1. ① 2. ② 3. ③ 4. ④ 5. ③

4. 효행편(孝行篇)

백행(百行)의 근본이라고 할 수 있는 효에 관한 글

자식이 부모를 대하는 도리가 효이다.
효는 모든 행실의 근본이다. 따라서 본편에는
인간의 근본이 무엇인지를 가르치고 있다.

① 父兮生我하시고 母兮鞠我하시니
　　부혜생아　　　　모혜국아
哀哀父母여 生我劬勞샷다
　애애부모　　생아구로
欲報深恩인데 昊天罔極이로다
　욕보심은　　　호천망극

〈詩經〉

아버지 나를 낳으시고 어머니 나를 기르시니 슬프고 슬프도다! 부모님이시여, 나를 낳아 기르심에 힘쓰고 수고하셨도다.
그 깊은 은혜를 갚고자 할진대 하늘같이 다함이 없도다.

〈시경〉

한자풀이

鞠(국) : 기르다. 궁하다. 국문하다. 鞠養(국양)
哀(애) : 슬프다. 불쌍히 여기다. 哀愁(애수)
昊(호) : 하늘. 큰 모양. 昊天(호천)
極(극) : 다하다. 끝나다. 끝. 한계. 極地(극지)

해설

"나실 때 괴로움 다 잊으시고…"
이렇게 부르고 또 매년 부르지만, 양친 살아 계실 때와 돌아가셨을 때에 부르는 생각과 감정이 달라진다. 왜 그런 것일까?

출처: 시경(詩經)

오경(五經)의 하나임. 은(殷)나라로부터 춘추시대에 이르기까지의 북중국(北中國)의 민요, 연례악, 제례악을 모은 것. 공자가 305편으로 재편집했다.

예화

행색이 초라한 젊은이가 종일 강가에서 낙양에서 오는 배를 기다리고 있었다.

드디어 강 위쪽에서 서서히 돛단배가 내려오는 모습이 보였다.

"낙양 배다!"

젊은이가 사고 싶어 한 것은 차(茶)였다.

차는 본래 낙양에서 들어오는 귀한 물건으로 금보다도 비싼 것이다.

"차가 어떤 것인지나 알고 그러시오?"

차를 마시면 백 가지 나쁜 병이 없어진다.

"어머니가 기뻐하실 걸 생각하면 차를 꼭 사고 싶습니다."

젊은이가 거듭 간청하자, "허, 효자로군!" 상인은 감동했다.

젊은이는 2년여 동안 모아온 돈을 모두 꺼내 주었다.

이 젊은이가 바로 삼국지(三國志)의 유비(劉備)다.

중국이 장차 삼국으로 정립되는 그 첫 순간이었던 것이다.

② 孝子之事親也에 居則致其敬하고
　　효자지사친야　　거즉치기경
　養則致其樂하고 病則致其憂하고
　양즉치기락　　　병즉치기우
　喪則致其哀하고 祭則致其嚴이니라
　상즉치기애　　　제즉치기엄

〈孔子〉

효자가 어버이를 섬기는 것은 다음과 같아야 한다. 기거하심에는 공경을 다하고, 봉양함에는 즐거움을 다하고, 병이 들면 근심을 다하고, 돌아가시면 슬픔을 다하고, 제사지낼 때에는 엄숙해야 한다.

〈공자〉

한자풀이

居(거) : 살다. 거주하다. 앉다. 居住(거주)
則(즉) : ~하면. 본받다. 법. 必死則生(필사즉생)
致(치) : 이르다. 다하다.
憂(우) : 걱정하다. 근심하다. 憂鬱(우울)

해설

평소에 효도를 하는 것이 옳다.
그러기 위해서는 일상의 생활에서 실질적인 효도를 해야 한다. 또한 돌아가신 부모의 제사를 지낼 때에는 정성을 다할 것을 강조하고 있다.

예화

"나를 낳으시고 기르셨도다. 처자식을 거느리며, 배불리 먹고 따뜻하게 입고 살아갈 수 있는 게 과연 누구의 덕분인가?"

이렇게 말한 자는 담헌 홍대용(洪大容 1731~1783)이라는 당대의 실학자였다. 그는 어버이 돌아가시고 다시 오지 않는 인생을 지적하며 살아 계실 때 보답해야 할 것을 가르쳤다.

"부모님 앞에서는 얼굴빛을 순하게 하라. 말씨를 공손히 하며 큰소리를 내지 말라. 버릇없이 웃지 말며, 함부로 코를 풀거나 침 뱉지 말며, 원한의 마음은 물론 성내는 표정을 짓지 말라. 세상에는 부모를 두고 섬길 줄 모르는 사람이 있다. 섬긴다고 해도 때를 놓쳐 도리를 다하지 못하는 사람도 있다."

홍대용은 또한 이렇게 말했다.

"음식을 드릴 때에는 봉양을 다하고, 병환이 있을 때에는 근심을 다하며, 부모 하시려는 것을 생각하여 이에 따라야 하며, 싫어하시는 것을 하지 않는 자식이 되라."

왜냐하면 세월이 가고 때를 놓치면 공양할 수도 없고, 은혜에 보답하자 해도 보답할 길이 없는 때가 오기 때문이다.

③ 父母在어시든 不遠遊하며 遊必有方이니라
　　부모재　　　　불원유　　　유필유방

〈孔子〉

부모님이 살아계시면 멀리 가서 놀지 말며
놀 때에는 반드시 가는 곳을 알려야 한다.

〈공자〉

> **한자풀이**
> 遊(유) : 놀다. 즐겁게 지내다. 野遊會(야유회)
> 必(필) : 반드시. 꼭. 오로지. 必須(필수)
> 有(유) : 있다. 존재하다. 소유물. 有識(유식)
> 方(방) : 모. 각. 방위. 방향. 四方(사방)
>
> **해설**
> 매일 전화로 문안을 드리는 아들이 있었다.
> "오늘은 지방에 출장 다녀왔습니다."
> 바쁜 시대에 꼭 그럴 필요가 있겠느냐는 소리도 있겠지만, 그 아들은 부모 살아계신 동안 이런 문안인사 드리기를 지키며 살았다. 부모는 자식이 부귀영화를 누리기보다 우환이 없이 건강하게 살기를 바란다. 자식이 몸을 상하거나 다치면 가장 걱정을 하는 사람이 부모인 것이다.

예화

"오늘은 개경(開京)에 다녀오겠습니다."

문충(文忠)은 어머님 앞에 나아가 길 떠나는 문안인사를 드렸다.

삼십 리 거리였다. 어느 새 해는 돋고 있었다.

일을 마치고 나면 어느 새 해는 서편으로 기울었다. 그는 서둘러 집으로 향했다. 달은 떠서 어느 새 휘영청 밝아 왔다.

오늘 따라 밤이 이슥해서야 집에 도착할 수 있었다.

어머니 방으로 달려간 문충은 머리를 조아리며,

"어머니, 오늘은 늦었습니다. 염려하셨지요?"

문충의 효성은 지극해 출타와 귀가의 문안 인사를 하루도 거름이 없었다. 그는 '나무닭 노래'를 지었다. 어머니의 노쇠해 가시는 모습이 못내 안타까워 서산의 기우는 해에 비유한 시다.

나무 끝에 작은 닭을 조각해서
저(箸)로 집어 선반에 올려 두고 살게 하노라
이 닭이 때 되어 '꼬끼오' 울며 시간을 알릴 적마다
어머니 얼굴이 서산의 해와 같구나.

④ 父命召어시든 唯而不諾하고 食在口則吐之니라
　부명소　　　유이불낙　　　식재구즉토지

〈孔子〉

아버지께서 부르시면 속히 대답하며 머뭇거리지 말며, 음식이 입안에 있으면 이를 뱉고 대답해야 한다.

〈공자〉

한자풀이
父(부) : 아비. 연로한 사람의 경칭. 父親(부친)
命(명) : 목숨. 운수. 명하다. 生命(생명)
唯(유) : 오직. 唯一(유일). 여기서는 "예"라고 말하는 소리.
諾(낙) : 대답하다. 승낙. 여기서는 머뭇거리는 태도

해설
사회생활을 하면서도 입 속에 음식이 들어 있는 채 전화를 받으며 쩝쩝거린다면 그런 사람은 실격자다.
부모가 부르면 냉큼 대답을 해야 하는 것은 그것이 부모의 마음을 편안하게 해드리는 것만이 아니라 사회생활에서도 절도 있는 태도의 근간이 되기 때문이다.

예화

 중국 춘추시대 초나라에 노래자(老萊子)라는 효성이 지극한 사람이 있었다. 그에 대해 전해 내려오는 여러 가지 이야기 중 그가 꼭 지키는 게 있었다. 밥상이 들어오면, 부모님이 먼저 수저를 들기 전에는 먼저 음식에 손을 댄 적이 없었다.

 혼자 밥을 먹다가도 부모님이 부르시기라도 하면 얼른 입에 있는 것을 뱉어내고는 대답을 했다. 외출하신 부모가 돌아오시는 발걸음 소리가 밖에 들리면 하던 일을 그만 두고 서둘러 나가 맞이했다.

 그런 노래자는 부모님의 옷가지를 구입할 때도 따뜻하고 가벼운 천을 사다드렸고, 음식은 가장 좋아하시는 것으로 부드러운 맛을 골라 사다 드렸다. 부모에게 마음의 평안을 드리기 위해 함부로 얼굴을 찡그리는 일을 하지 않았다.

 그의 진심 어린 공양은 부모로 하여금 장수를 누리게 했다. 부모가 100세 가까이 되도록 살았으며, 그 또한 장수하였다. 그는 부모님을 즐겁게 해 드리기 위해 늙어서도 어린애 같은 색동옷을 지어 입고 노래도 하고 춤을 추기도 했다고 한다. 행여 부모가 아들의 늙음을 알고 슬퍼하실까 봐 어린애처럼 울었다고 한다.

⑤ 孝於親이면 子亦孝之하나니
　効어친　　　자역효지
　身旣不孝면 子何孝焉이리오
　신기불효　　자하효언

〈太公〉

내가 부모에게 효도하면 자식 또한 나에게 효도하나니, 내 몸이 이미 부모에게 불효한다면 자식이 어찌 나에게 효도하리요.

〈태공〉

한자풀이
於(어) : ~에. ~에서
亦(역) : 또. 또한
旣(기) : 이미. 벌써. 旣成(기성)
何(하) : 어찌. 무엇. 얼마. 如何(여하)

해설
교육에는 모방과 습득이 있다 한다. 좋은 모방과 가치 있는 습득은 어려서부터 시작되어야 한다는 게 교육학의 방향이기도 하다.
어버이를 생각하는 몸가짐도 어려서부터 배우고 간직하지 않으면 그 길은 불효로 가는 지름길이라 한다.

예화

K라는 분은 노모를 모시고 산다. 평소 주말의 1박 2일의 여행에도 노모의 동행을 빠뜨리지 않는 K의 집안이다. 이래서 늘 화기애애한 분위기가 집안에 감돈다. 아내와 자식 모두가 노모 섬기기를 지극히 한다. 이제는 노모와 함께 다니는 일이 모두 몸에 배어 있는 것이다.

오래 전 어머니가 홀로 되자, K는 처자를 불러 노모를 위한 두 가지 가정규칙을 정했다.

"어머니를 쓸쓸하게 해 드리는 건 불효다. 식구 모두가 어디든 모시고 다니기로 한다."

또 한 가지 규칙은 매월 노모에게 수입의 10분의 1을 드리는 일이다.

"낳아준 부모를 빈손이 되게 한다는 건 잘못된 일이다."

K는 이 규칙에 대해서도 아내에게 동의를 구했고, 자식들에게도 수입의 지출내역을 알려 주었다.

수입의 10분의 1에 대한 K의 지론도 남과 달랐다.

"수입의 십일조로 드리면 돈 문제로 언짢아하실 일도 없는 거지요. 게다가 노모가 쓰시면 얼마가 쓰겠어요. 마음껏 쓰시고 남은 돈은 결국 나중에 누구 손에 가겠어요. 손자에게 남겨 주면, 그 손자 또한 할머니를 기리게 될 게 아니겠습니까?"

⑥ 孝順은 還生孝順子요 忤逆은 還生忤逆兒하나니
　효순　 환생효순자　　 오역　 환생오역아
不信커든 但看簷頭水하라
　불신　　 단간첨두수
點點滴滴不差移니라
점점적적불차이

〈太公〉

효순한 사람은 효순한 자식을 낳고, 오역한 사람은 또 오역한 자식을 낳는다. 믿지 못하겠거든 다만 처마 끝에 떨어지는 빗물을 보아라. 점점이 방울방울 떨어지는 것이 어긋남이 없다.

〈태공〉

한자풀이
還(환) : 돌아오다. 뒤돌아보다. 歸還(귀환)
看(간) : 보다. 지키다. 看病(간병)
簷(첨) : 처마　　點(점) : 점
滴(적) : 물방울. 방울져 떨어지다. 硯滴(연적)
差(차) : 어긋나다. 실수. 差異(차이)
移(이) : 옮기다. 변하다. 피하다. 移徙(이사)

해설
윗물이 맑아야 아랫물이 맑다는 말은 부모와 자식 간에도 적용이 된다. 남녀가 결혼해 자식을 낳고 기르기 위해서는 먼저 부모로서의 됨됨이를 갖춰야 한다. 그 자식을 보면 그 부모를 알 수 있다고 하는 것은 틀린 말이 아니다.

예화

오래 전 고려장이라는 악습이 있었다. 한 아들이 늙은 어머니를 지게에 싣고 문밖을 나섰다. 어린 자식이 뒤를 따라오는 것도 모른 채 아들은 산길을 걸어 올라갔다.

지게에 실린 어머니는 자신이 죽으러 가는 길인 줄 알았다. 그리고 아무 말 없이 손에 잡히는 나뭇가지를 꺾어서 길에다 뿌려 놓았다.

깊은 산 속에 이르러 지게에서 어머니를 내려놓았다.

"어머니, 용서하세요." 그리고 돌아서려는 때였다.

"아들아, 어둡기 전에 산을 내려가라. 이곳으로 오면서 내가 나뭇가지를 꺾어 놓았으니, 그걸 따라 가면 길을 잃지 않을 거야."

산길을 내려가는데 뒤에서 소리가 났다. 돌아보니 어린 아들이 지게를 끌고 따라오고 있었다.

"사람을 져다 버린 지게를 가져가는 게 아니란다."

그러자 어린 자식이 "집에 갖다 두었다가 아버지가 늙어지시면 그때 쓰려고 그래요."라고 하니, 그 말이 아버지의 가슴을 찔렀다.

아들은 어머니에게로 달려갔다.

"어머니, 제가 잘못했습니다. 죽어도 어머니하고 같이 죽겠습니다. 다시 집으로 모시고 가겠어요. 어머니!"

아들은 지게에 어머니를 다시 싣고, 한 손은 어린 자식의 손을 꼭 쥐었다. 산비탈을 내려가는 세 사람의 등 뒤로 별이 빛났다.

學而時習(효행편)

1. 詩曰『父兮生我하시고 母兮鞠我하시니 哀哀父母여 生我劬勞셨다 欲報深恩인대 昊天罔極이로다』위에서 아버지가 내게 하신 일은?

2. 공자가 말하기를 孝子之事親也에 居則致其( )하고 養則致其樂하고 病則致其憂하고 喪則致其哀하고 라고 했다. ( )에 적절한 한자는?
    ① 親 ② 嚴 ③ 敬 ④ 樂

3. 子曰 父母在어시든 不遠遊하며 遊必有( )이니라. ( )에 적절한 한자는? ① 所 ② 場 ③ 方 ④ 向

4. 太公이 曰 ( )於親이면 子亦孝之하나니 身旣不孝면 子何孝焉이리오. ( )속에 맞는 한자는? ① 親 ② 嚴 ③ 敬 ④ 孝

5. 子曰 父命召어시든 唯而不諾하고 ( )在口則吐之니라. ( )속에 맞는 한자는? ① 食 ② 見 ③ 臭 ④ 聽

----
1. 나를 낳으심(서당에서의 성교육) 2. ③ 3. ③ 4. ④ 5. ①

5. 정기편(正己篇)

자기를 바로 세우는 수신(修身)에 관한 글

몸가짐을 바르게 가지려면 언행을 바로 해야 하고,
그 핵심은 언행을 절제하는 데에 있다.
이것이 예의로 이어지고 있음을 가르치고 있다.

① 見人之善이어든 而尋己之善하고
　　견인지선　　　　이심기지선
　見人之惡이어든 而尋己之惡이니
　　견인지악　　　　이심기지악
　如此라야 方是有益이니라
　　여차　　　방시유익

〈性理書〉

다른 사람의 착함을 보거든 나의 착함을 찾고,
다른 사람의 악함을 보거든 나의 악함을 찾아야 하나니,
이와 같이 하면 바야흐로 유익함이 있을 것이다.

〈성리서〉

> **한자풀이**
> 見(견) : 보다. 돌이켜보다. 見學(견학)
> 尋(심) : 찾다. 생각하다. 평소. 尋訪(심방)
> 己(기) : 자기. 다스리다. 自己(자기)
> 此(차) : 이. 이것. 이곳. 그래서
>
> **해설**
> 타산지석(他山之石)을 통해서 자신의 모습을 볼 수 있다. 즉, 타인이라는 거울을 통해서 자신의 됨됨이를 볼 수 있다. 자신의 어리석음을 깨닫게 하는데 타인의 모습을 보는 것만큼 좋은 것은 없다.

출처: 성리서(性理書)

성리학(性理學)에 관한 책. 성리학은 중국 송나라 때 주희(朱熹)에 의해 집대성된 유교의 한 갈래로 성정(性情)과 이기(理氣)에 관하여 기술하고 있다.

예화

이웃집 여학생이 친구를 잘못 사귀어 유흥가로 흘러 들어갔다. 공부도 잘하던 아이였다. 학교도 중퇴하고 긴 방황을 했지만, 다행히 다시 집으로 돌아올 수 있었다.

동네 사람들은 이 사건이 남의 일처럼 생각되지 않았다.

"언제 내 자식이 그렇게 될지 알 수 없는 일이지요."

남의 것을 보고 자기 것을 비추어 보는 이런 마음은 예나 지금이나 같다.

"타산에 있는 못 생긴 돌이라도 옥을 가는 숫돌로 쓸 수 있는 것이야."

즉, 타산지석(他山之石)이다.

자기보다 못한 사람이라고 해서 깔볼 일이 아니라, 자기 수양의 거울로 삼을 수 있어야 한다. 수양과 학덕을 쌓는 데에는 어떤 제한도 없다.

② 大丈夫는 當容人이언정 無爲人所容이니라
　대장부　　당용인　　　　무위인소용

〈景行錄〉

대장부는 마땅히 남을 용서할망정
남의 용서를 받는 사람이 되어서는 안 된다.

〈경행록〉

한자풀이
丈(장) : 어른. 길이의 단위. 丈人(장인)
夫(부) : 지아비. 사나이. 장정. 丈夫(장부)
當(당) : 당하다. 맡다. 當然之事(당연지사)
容(용) : 얼굴. 모습. 용서하다. 容恕(용서)

해설
자신을 향해서는 철저하고, 타인을 향해서는 너그러워야 한다. 자신에게 너그러워지면 쉽게 좌절하거나 절망하고 만다. 용서받는 사람이 되지 말라는 것은 잘못된 언행을 하지 말라는 것이다. 남의 잘못에 관대한 사람이 성공적인 삶을 살 수 있는 것이다.

예화

 오늘도 황수신(黃守身)은 비틀거리는 걸음으로 집에 돌아왔다. 하루도 술을 거르지 않는 날이 없었다. 아버지 황희(黃喜) 정승은 그를 불러 앉히고는 "네 술버릇이 고약하다."고 했다.
 하지만 다음 날이면 어김없이 술고래의 모습이었다. 그런데 오늘 수신은 대문에 들어서려다가 아버지가 서 있는 모습을 보고 놀랐다. 단정히 옷을 차려입고 채 대문 앞에서 귀한 손님을 맞듯이 정중히 절을 하는 것이었다.
 "아버지, 어인 일이십니까?"
 "오늘부터 나는 너를 타인으로 여기기로 했다. 그동안 수없이 타일러 왔건만, 너는 나를 아버지의 말로 듣지 않았다. 어떻게 너를 자식으로 대할 수 있겠는가?"
 그때서야 수신은 번쩍 정신이 들었다.
 "네가 잘못했다고 하니 말해 두마. 대장부는 마땅히 남을 용서할망정 남의 용서를 받는 사람이 되어서는 안되는 법이다."
 용서를 빈 황수신(조선 세조 때, 1407~1467)은 뒷날 영의정에 올랐다.

③ 勿以貴己而賤人하고 勿以自大而蔑小하며
　물이귀기이천인　　　물이자대이멸소
勿以恃勇而輕敵이니라
　물이시용이경적

〈太公〉

자신이 귀하다고 해서 남을 천대하지 말고,
스스로 크다고 하여 작은 것을 멸시하지 말며,
용기를 믿고서 적을 가볍게 여기지 말라.

〈태공〉

한자풀이
賤(천) : 천하다. 신분이 낮다. 賤待(천대)
蔑(멸) : 업신여기다. 버리다. 蔑視(멸시)
恃(시) : 믿다. 恃賴(시뢰)
勇(용) : 날쌔다. 결단력이 있다. 勇敢(용감)
輕(경) : 가볍다. 재빠르다. 輕量(경량)

해설
인간의 머릿속에는 자기중심적인 것들로 꽉차 있다. 잘난 것도 없으면서 타인을 비난한다. 남을 헐뜯기를 좋아하고 남을 용서할 줄 모른다. 이 자기중심적인 과장된 자아는 타인과 조화를 이루지 못하고 불화를 일으키고 증오를 낳아 자신도 파멸하고 타인에게도 상처를 입힌다. 남을 존중할 줄 알아야 하는 게 인간의 길이다.

예화

적벽대전에서 대패하고 도망치고 있던 조조는 크게 웃었다.

"어찌 하여 웃으십니까?"

"주유와 제갈양이 꾀가 많다더니 이곳에 매복 군사 하나 두지 않았으니 그들의 재주도 필경은 백면서생에 불과해."

조조의 비웃는 말이 채 끝나기도 전에 북소리가 울리며 군사가 벌떼처럼 달려들었다.

"나 조자룡이 제갈공명의 장령을 받들어 여기서 널 기다린지 오래다."

조조는 소스라쳐 놀랐다. 서황과 장합 두 장수가 필사적으로 조자룡을 막는 사이 조조는 달아났다.

다음날 비를 맞으며 호로곡에 이르렀다. 또 조조는 나무 아래 앉아 있다가 하늘을 우러러 웃었다.

"아무리 생각해도 제갈량이나 주유는 젖비린내가 나는 서생이야. 내가 용병을 한다면 이 길목에 병사들을 매복시킬 터인데."

조조가 말을 마치기도 전에 앞뒤로 천지를 진동하는 함성이 일어났다. 장비였다. "조조야! 네 어디로 도망치려 하느냐!"

조조가 간담이 서늘할 때, 허저가 안장도 없는 말을 타고 장비를 막았다. 그러는 사이에 조조는 뺑소니를 쳤다.

겨우 살아난 조조의 병사들은 얼마쯤 길을 가다가 두 갈래 길과 마주쳤다. 산에 올라가 지형을 정찰해 보니 한쪽 길 저 끝에서 연기가 일고 있었다. 조조가 말했다.

"병법에 허즉실지(虛則實之)하고 실즉허지(實則虛之)라고 했다. 제갈양이 얕은 꾀를 쓰고 있는데 연기가 있는 곳에 매복 군사가 없고, 대로에 군사를 매복시켜 놓은 것이다."

그러니 연기가 나는 길로 가겠다는 것이었다. 그 길로 조조의 말대로 일행은 달려갔다.

"으하하하, 보라구. 아무도 없잖아."

조조가 소리내 웃으며 말을 채 끝내기도 전에 일성포향이 양편에서 터져나왔다. 앞선 대장은 청룡언월도를 비껴 든 관운장이었다. 조조는 더 이상 살기를 바랄 수 없었다. 경각에 달린 목숨임을 깨닫고 조조는 마지막 구걸을 했다.

"지난 날 내 작은 후의를 생각해 주시구려."

관운장은 전에 조조에게 받은 허다한 은의를 생각하고, "지나가게 해라!" 했다. 세 번이나 남을 비웃었던 조조(曹操 155~220)였다.

④ 聞人之過失이어든 如聞父母之名하여
　문인지과실　　　　여문부모지명
耳可得聞이언정 口不可言也니라
　이가득문　　　　구불가언야

〈馬援〉

남의 잘못을 들으면 마치 부모의 이름을 듣는 것처럼 귀로 듣기는 하되 입으로 말해서는 안된다.

〈마원〉

한자풀이
聞(문) : 듣다. 널리 견문하다. 聽聞(청문)
名(명) : 이름. 신분상에서 쓰이는 부자, 군신. 名單(명단)
之(지) : 가다. 이(지시대명사) ~의(관형격조사)
失(실) : 잃다. 잘못. 失手(실수)

해설
남의 허물이나 실수에 대해서 그것을 너절하게 타인에게 전달하지 말 것을 경계하고 있다. 남의 잘못을 전하는 사람만큼 천박한 것은 없다. 또 그것을 듣는 상대방은 그런 말을 하는 사람을 믿음직한 사람으로 여기지 않게 된다.

출처: 마원(馬援, BC 11 ~ AD 49)

후한(後漢) 광무제 때의 용장. 촉(蜀)을 정벌하여 복파장군(伏波將軍, 반란을 평정한 장군)이 되고, 교지(交趾 ; 지금의 티베트)의 반란을 평정하여 신식후(新息候)에 봉해졌다.

예화

'설시(舌詩)'는 시는 다음과 같다.

입은 재앙의 문이요
혀라는 것은 몸을 자르는 칼이다.
입을 닫고 혀를 깊게 감춘다면
가는 곳마다 몸이 편안하리라.

이 시를 지은 풍도(馮道)라는 사람은 당나라 말기에 태어나 오대(五代)에 걸쳐 여러 왕조에서 벼슬을 했다.

당시는 세태가 혼란했다. 정치 또한 격변하던 때에 그가 여러 대에 걸쳐 중책을 지낼 수 있었던 것은 남다른 처신 때문이었을 것이다. 그가 남긴 이 시에서 자신의 처세술이 입과 혀에 있음을 잘 대변해 주고 있다.

굳이 난세가 아니라도 평소 입을 함부로 놀리다가 화를 자초하는 일이 비일비재하다. 몸의 크기에 비해 작은 그지없는 입 하나가 불러오는 위력을 일찍이 깨닫는 사람은 가는 곳마다 몸이 편안할 것이다.

⑤ 道吾善者는 是吾賊이오
　도오선자　　시오적
　道吾惡者는 是吾師니라
　도오악자　　시오사

〈邵康節〉

나의 착함을 말하는 사람은 곧 나의 적이요,
나의 악한 점을 말하는 사람은 곧 나의 스승이다.

〈소강절〉

한자풀이
道(도) : 길. 사상. 말하다. 道理(도리) 밝히다.
吾(오) : 나, 자신, 五等(오등)
賊(적) : 도둑. 해치다. 盜賊(도적)
師(사) : 스승. 스승으로 삼다. 師父(사부)

해설
격변하는 시대에 주변에서 지적하는 소리에 귀를 기울일 줄 알고, 낡은 것은 버리고 새로워지도록 하려면 혼자로는 안 된다. 자신을 지적해 주는 스승이 있어야 한다. 즉, 고정관념을 버려야 하고, 변화해야 하는 것이다.

예화

　백제 31대 의자왕은 처음에는 나라를 잘 다스렸다. 잘못하는 일이 있어 신하들이 지적하는 말을 해도 스승의 말처럼 여기며 받아들였다. 그러나 점차 교만해 지더니, 귀에 거슬리는 말을 하는 신하들을 멀리 귀양 보내기를 주저하지 않았다. 성충과 홍수 같은 신하들은 진언을 했다가 쫓겨난 대표적 인물이다. 왕은 이제 주색에 탐닉하며 나랏일은 돌보지 않았다. 그런 반면,

　"대왕의 은혜가 온 백성에 가득 넘치고 있습니다. 백성들은 태평스러우며 들판은 오곡백과가 풍년입니다. 이 모두가 대왕의 덕이십니다."

　이렇게 아첨하는 신하들의 말을 듣기 좋아해 의자왕은 그들을 싸고 돌았다.

　한편, 신라에서 김춘추는 당나라를 끌어들이는데 성공했다. 나당연합군을 만들어 백제를 침공할 만반의 준비를 했다. 그런 것도 모른 채 의자왕은 간신들에 둘러싸여 방탕한 나날을 보냈다.

　드디어 김유신이 당나라 소정방과 함께 백제를 침공했다. 아무런 준비가 없던 백제였다. 다만 나라를 구하려고 계백이 황산벌로 나아갔다. 하지만 기울어진 나라를 지탱하기에는 역부족이었다. 그는 의롭게 죽어갔고, 의자왕은 당나라로 붙들려갔고, 백제는 망하고 말았다.

⑥ 聞人之謗이라도 未嘗怒하며 聞人之譽라도
　문인지방　　　　미상노　　　문인지예
未嘗喜하며 聞人之惡이라도 未嘗和하되
　미상희　　　문인지악　　　　미상화
聞人之善이라면 則就而和之하고 又從而喜之니라
　문인지선　　　　즉취이화지　　　우종이희지

〈邵康節〉

남에게 비방을 들어도 성내지 말며, 남에게 칭찬을 들어도 기뻐하지 말라. 남의 악함을 들어도 곧 동조하지 말고, 남의 착함을 들으면 곧 나아가 그와 친화하며 또한 그를 따르며 기뻐하라.

〈소강절〉

한자풀이
謗(방) : 헐뜯다. 비방하다. 毀謗(훼방)
嘗(상) : 즉시. 맛보다.
怒(노) : 성내다. 힘쓰다. 怒濤(노도)
則(즉) : 곧. 본받다.
從(종) : 좇다. 나아가다.

해설
큰 바다는 아무리 바람이 불고 비가 와도 수면의 물결만 흔들린다. 물 아래는 고요하여 흔들림이 없다. 칭찬에 금방 기분이 좋아져 들썩거리고, 비방에 화를 내며 펄쩍 뛰는 감정의 변화에 기복이 크면 사회생활을 하기 어렵다.

예화

당나라 현종 때 재상을 지낸 이임보(李林甫)는 속이 음흉한 자였다.

술수에 뛰어나서 사람들은 그를 경계하며 두려워했다. 안록산도 감히 그를 대적하지 못해 그가 죽고 나서야 반란을 일으켰다.

어느 날 현종이 이임보를 대한 자리에서의 일이었다.

"엄정지(嚴挺之)는 요즘 어디에서 뭘 하고 있는가?"

느닷없는 질문에 이임보의 머릿속은 재빨리 회전했다.

본래 엄정지는 강직한 인물로 요직을 맡아 나라의 일을 보살펴 오던 사람이었다.

그런 그를 계략을 써 지방의 일개 태수로 내쫓은 게 이임보 자신이었다.

그날 저녁이었다.

집에 돌아온 이임보는 엄정지의 아우를 불러들여 입에 발린 소리를 했다.

"오늘 황제께서 자네 형님을 매우 칭찬하시는 말씀이 있으셨네. 그러니 한번 황제를 뵙도록 하는 게 좋을 걸세. 틀림없이 좋은 자리를 주실 거라는 확신이네. 일단 이렇게 해보게. 몸이 좋지 않아 치료차 장안에 돌아왔다는 글을 올려보도록 하게."

엄정지는 이임보의 계략이 숨겨져 있는 것도 모르고 황제 앞으로 글을 올렸다.

다음날 이임보는 그 글을 현종에게 내보이며 말했다.

"전날 엄정지 말씀이 계셨습니다. 때마침 이런 글을 보내왔습니다. 글의 내용을 살펴보건대 엄정지는 나이가 많아 병이 깊이 든 것 같습니다. 관직을 맡기에는 어렵지 않을까 싶습니다. 그냥 한직의 자리에 두는 게 나을 듯합니다."

황제 현종은 이임보의 말을 있는 그대로 받아들였다.

"엄정지가 그러하다면 안 됐지만 할 수 없군."

엄정지에게 이런 내막이 알려졌다.

화가 머리끝까지 치밀어 오른 엄정지는 끝내 분통함을 가라 앉히지 못하고 피를 토하며 절규했다.

"허어, 구밀복검(口密腹劍)의 이임보라더니…"

말을 다 끝맺지도 못하고 죽고 말았다. 입으로는 달디단 말을 하고, 뱃속에는 칼을 숨긴 이임보의 계략에 넘어간 것이다.

口蜜腹劍(구밀복검) : 입에는 꿀이 들어 있지만, 뱃속에는 칼이 있다. 달콤한 말이지만 그 속은 음흉한 생각을 품고 있다는 뜻으로 쓰인다.
출처는 십팔사략(十八史略)

⑦ 勤爲 無價之寶요 愼是 護身之符니라
　근위　무가지보　　　신시 호신지부

〈太公〉

근면함은 값을 따질 수 없는 보배요,
삼가는 것은 몸을 지키는 부적이다.

〈태공〉

한자풀이

勤(근) : 부지런하다. 일. 勤勉(근면)
價(가) : 값. 값있다. 價値(가치)
寶(보) : 보배. 보배롭게 여기다. 寶物(보물)
愼(신) : 삼가다. 진실로. 愼重(신중)
護(호) : 보호하다. 감싸다. 護身(호신)

해설

일찍 일어나는 새가 먹이를 먼저 줍는다는 것은 정한 이치이다. 신중하지 못한 것은 생각을 하지 않기 때문이다. 목표를 향해서 나아가는 자는 게으를 수가 없다. 생각할 줄 아는 사람은 위험에서 자신을 지킬 수 있다.

예화

은나라를 멸망시킨 무왕이 새롭게 주나라를 열어 왕조 창업에 심혈을 기울이고 있을 때, 서쪽의 여(旅)나라에서 오(獒)라는 짐승을 공물로 보내 왔다.

오라는 짐승은 개 종류인데 크기가 네 척이나 되었고, 사람의 말을 알아듣고 잘 따르는 영민한 동물이었다.

무왕이 이 짐승에게 반하고 말았다.

기이한 동물에 마음이 빼앗겨 창업한 나라를 돌보는데 소홀한 낌새가 보이자 그의 아우 소공(昭公)이 무왕을 찾아 진언했다.

"왕께서는 이른 아침부터 저녁 늦도록 정치에 힘써야 합니다. 만일 사소한 일에라도 신중함이 결여되는 일이라도 생긴다면, 마침내 큰 덕을 손상하게 됩니다.

이를테면 흙을 날라 산을 만드는 사람이 이제 조금만 더하면 아홉 길에 달하려 할 때, 마지막 한 삼태기의 흙을 운반하지 않는다면, 이제까지 수고가 수포로 돌아가는 것과 같습니다."

인내를 갖고 끝까지 근면하고 신중할 때 지금까지 해온 일들이 더욱 빛을 발하는 것이다.

⑧ 君子有三戒하니 少之時엔 血氣未定이라
　군자유삼계　　　소지시　　혈기미정
戒之在色하고 及其壯也하여는 血氣方剛이라
　계지재색　　　급기장야　　　혈기방강
戒之在鬪하고 及其老也하여는 血氣旣衰라
　계지재투　　　급기로야　　　혈기기쇠
戒之在得이니라
　계지재득

〈孔子〉

군자는 세 가지 경계해야 할 일이 있다. 젊을 때에는 혈기가 안정되지 않았으므로 여색을 경계해야 하고, 장년이 되어서는 혈기가 바야흐로 강성해지므로 싸움을 경계해야 하며, 늙어서는 혈기가 이미 쇠약해지므로 욕심을 경계해야 한다.

〈공자〉

한자풀이
戒(계) : 경계하다. 알리다. 타이르다. 警戒(경계)
色(색) : 빛. 형상. 색정. 色情(색정)
壯(장) : 장하다. 기상이 굳세다. 壯丁(장정)
衰(쇠) : 쇠하다. 늙다. 衰弱(쇠약)

해설
젊은 날에 이성에 너무 깊이 빠져 인생을 그르치는 일이 허다하다. 욕정과 이기심을 이기지 못해 가정이 파탄이 나고 집안이 망하는 일이 많다. 사람이 실패하거나 낭패를 당하는 것은 대개 혈기를 어떻게 했느냐에 달려 있다.

예화

주왕(紂王)은 원래 지혜와 용기를 갖춘 군주였다. 그러나 공물로 받은 달기를 만나고부터 그 기상이 꺾여 버렸다.

넘쳐 나는 술과 여자들로 둘러싸인 방탕의 나날로 존엄한 궁전은 환락의 소굴로 굴러 떨어졌던 것이다. '주지육림(酒池肉林)'이었다.

보다 못한 충신들이 간곡히 간했지만 소용없었다. 주왕의 폭정은 날로 심해져 간하는 자는 죽음을 면치 못하거나 귀양살이였다.

은나라는 탕왕이 세운 나라다. 탕왕은 하나라 걸왕을 무너뜨렸던 것이다. 걸왕은 공물로 보내온 말희라는 여인에게 빠져 정사를 돌보지 않다가 탕왕에게 멸망당했다.

그런데 주왕이 지난날 걸왕과 똑같이 달기라는 요녀에게 빠지고 추악한 주색으로 궁전을 더럽혔다. 백성은 도탄에 빠져 원성이 하늘에 치솟았다. 당연히 백성들과 제후들이 들고 일어났다. 이때에 서발이 주왕을 멸망시켰다.

서발이란 인물은 은감불원(殷鑑不遠)을 간언했던 서백의 아들이다. 서백은 자신의 간언 때문에 귀양을 면치 못했다. 역사는 말한다. 자신의 혈기에 따라 산 사람치고 나라를 망가뜨리지 않은 왕이 없고, 평범한 백성이라 할지라도 혈기를 좇아 산 사람치고 온전한 사람이 없었다.

⑨ **定心應物하면 雖不讀書라도**
  정심응물   수부독서
可以爲 有德君子니라
  가이위 유덕 군자

〈景行錄〉

마음을 안정시켜 사물에 대응하면
비록 글을 읽지 않더라도
가히 덕이 있는 군자가 될 수 있다.

〈경행록〉

한자풀이
定(정) : 정하다. 반드시. 定價(정가)
應(응) : 응하다. 받다. 應試(응시)
物(물) : 만물. 일. 종류. 物件(물건)
讀(독) : 읽다. 풀다. 讀解(독해)

해설
종교에서의 기도나 고행은 마음을 하나로 집중해 안정을 얻는 수단이다. 마음이 안정된 상태에서 보는 세상은 치우침이나 지나침이 없게 된다. "마음을 다스리는 사람은 천하를 얻는다"라고 하는 것도 동서양의 일치된 진리이다.

예화

현령으로 있는 응빈에게 두선이라는 손님이 찾아왔다. 잔이 오가다가 두선이 술잔을 들어 비우려 할 때였다. 두선은 손에 든 술잔 속에 뱀 모양이 어리어 있는 것을 보았다. 무서웠지만 상사 앞이라 이러지도 저러지도 못한 채 그 술을 마셨다.

귀가한 두선은 그날부터 설사를 하는 일이 생겼다. 치료를 받았지만 낫지를 않았다. 응빈이 이것을 알고 찾아가 물어 보자 두선이,

"뱀이 무섭습니다. 그날 술잔 속에서 뱀의 그림자를 보았는데, 뱀이 몸속에 들어갔나 봅니다."

말하는 것이었다. 두선이 뱀을 보았다니 아무래도 이상했다. 술자리가 있었던 방안을 둘러보다가 문득 벽에 걸린 활이 눈에 띄었다. 응빈은 무릎을 쳤다.

응빈은 재차 두선을 집으로 불러 그 자리에 술상을 차렸다.

"자, 보게나. 술잔에 떠오른 그림자가 뱀의 모양을 하고 있지만, 벽에 걸린 활의 그림자가 비쳤던 것뿐이라네."라고 말하며 활을 벽에서 치워 보았다.

뱀의 그림자가 술잔에서 사라진 것은 물론이었다.

두선의 응어리는 풀렸다. 마음이 편안해 졌으니 곧 병도 사라졌다.

⑩ 避色을 如避讐하고 避風을 如避箭하며
　피색　　여피수　　　피풍　　여피전
莫喫空心茶하고 少食中夜飯하라
막끽공심다　　　　소식중야반

〈夷堅志〉

여색을 피하기를 원수를 피하듯 하고, 바람을 피하기를 화살 피하듯 하며 빈 속에 차를 마시지 말고, 한밤중에 밥을 많이 먹지 말라.

〈이견지〉

한자풀이
讐(수) : 원수. 갚다. 怨讐(원수)
箭(전) : 화살. 전통(箭筒)
喫(끽) : 마시다. 먹다. 피우다. 喫茶(끽다)
莫(막) : 말다. 고요하다. 없다.
飯(반) : 밥. 먹이다. 기르다. 飯饌(반찬)

해설
사람이 살아가면서 해야 할 것과 하지 말아야 할 것이 있다. 피해야 하는 데도 오히려 뛰어든다면, 마치 등에 기름통을 지고 불 속으로 달려드는 것과 같다. 피해야 할 것들은 오랜 세월 동안 인간의 경험에서 나온 것이다.

출처: 이견지(夷堅志)

송나라의 학자 홍매(洪邁)가 엮은 설화집. 모두 420권. 이상한 사건이나 괴담을 모은 책이다.

예화

노국공주가 죽었다. 고려 말기 31대 공민왕의 가슴에서는 더 이상 정사를 돌볼 의지를 찾을 수 없었다. 아내를 잃은 슬픔은 불공을 드리는 데로 기울어 버렸고, 조정은 승려 신돈의 손아귀로 넘어갔다.

간악한 신돈은 호색한이었다. 오늘도 그는 핏발이 선 눈으로 자색이 고운 여인을 찾았다. 그의 주변 떨거지들은 그에게 여자를 갖다 바치기에 분주했다.

죄를 뒤집어씌우고 감옥에 처넣었다. 그러다 사람을 시켜 농간을 부렸다.

"신돈을 찾아가야만 빼나올 수 있답니다."

신돈을 찾아간 아녀자가 할 수 있는 일은 그 앞에서 교태를 부리는 일일 뿐이었다. 혹시라도 항의를 한다든지 불손한 태도를 부렸다가는 도리어 벌을 받거나 귀양을 가야 해다. 심지어 죽임을 당하는 일도 있었다.

세상 천지는 신돈의 여색잡기에 온통 치를 떨었다. 남자가 잡혀갔다는 소리만 들리면 그날로 곱게 단장을 하고 신돈의 집을 찾아가는 게 무엇을 뜻하는지 모르는 사람이 없었다. 고려가 망하기는 시간 문제였던 것이다.

⑪ 衆이 好之라도 必察焉하며
　　중　　호지　　　필찰언
　衆이 惡之라도 必察焉이니라
　　중　　오지　　　필찰언

〈孔子〉

모든 사람들이 이를 좋다고 하여도 반드시 살펴보아야 하며,
모든 사람들이 이를 미워하더라도 반드시 살펴보아야 한다.

〈공자〉

한자풀이
衆(중) : 무리. 많은 사람. 大衆(대중)
好(호) : 좋다. 옳다. 好色(호색)
必(필) : 반드시. 틀림없이. 꼭. 오로지. 必須(필수)
察(찰) : 살피다. 알다. 조사하다. 觀察(관찰)

해설
지나치게 유행을 좇는 것은 그 생각이 옳고 그름이나, 해야 할 바와 하지 말아야 할 바를 분별하지 못하기 때문이다. 민중의 우매함을 역이용하는 무리가 있다. 나쁜 친구를 사귀는 것도 그 친구에 대해 살펴보지 않는 무신경, 어리석음, 허영에 빠지기 때문이다.

예화

송강(宋江) 정철의 '가사집'에 이런 노래가 있다.

수미산을 서너 바퀴 감돌아 올라가
오뉴월 아주 더운 철 한낮쯤에
살얼음 잡힌 위로 된서리가 섞어 치고
자취눈이 내린다는 전설이 있다 하거니와
그대는 그것을 참으로 눈이라 보는가.
님아, 님아, 별사람이 별라별 소리를 다 해 대도
곧이 듣지 말고 헤아려서 들으소서.

시란 비유와 상징을 써서 전하는 문학이다. 이때의 '된서리'를 여러 가지 뜻으로 해석할 수 있을 것이다. 간악한 무리의 음모라고 해도 좋으며, 미움이라든지 시기 질투 따위의 복잡한 감정이라 풀이해도 무난하다.

미워한다면 그만한 이유가 있을 것이다. 좋아한다고 해서 물고기처럼 먹이를 덥석 물다가는 낚시에 걸려들고 만다.

정철은 자신이 귀양을 간 일에 대해 구차하게 변명을 하거나, 항의를 하지 않았다. 그는 인간들의 마음속에 오가는 애증을 이해하고 받아들였다. 그런 심정으로 조용히 가사를 지었다. 그리고 자신을 달래었던 것이다. 그런 동시에 때를 기다렸던 것이다.

⑫ 酒中不語는 眞君子요 財上分明은 大丈夫니라
　주중불어　　진군자　　　재상분명　　　대장부

〈孔子〉

술 취한 중에도 말이 없으면 참다운 군자요, 재물에 대하여 분명하면 대장부이다.

〈공자〉

한자풀이
酒(주) : 술. 잔치. 酒宴(주연)
中(중) : 가운데. 마음. 中心(중심)
眞(진) : 참. 생긴 그대로. 眞實(진실)
財(재) : 재물. 처리하다. 財産(재산)
上(상) : 대하여.
明(명) : 밝다. 환하게. 明白(명백)

해설
성인이 되는 자식에게 아버지가 주도(酒道)를 가르쳤다. 따라서 모든 것은 배우기 나름이다. 처음 바르게 배우고 잘 습관화되면 모가 나지 않은 성품으로 일생을 살아갈 수 있다.
재물도 마찬가지다. 술과 재물에 대한 인생관이 옳아야 사람다운 사람이 된다.

예화

제나라 위왕은 다급했다. 초나라의 침공을 막을 자신이 없었던 것이다. 위왕은 서둘러 조나라에 구원을 요청했고, 이에 따라 조나라는 10만 명의 군사와 전차 1천 대를 빌려 주었다. 빌려 주는 대가로 조나라는 제나라에게서 엄청난 황금과 소중한 공물을 받았다.

초나라는 제나라의 이러한 움직임을 보자 침공을 멈추고 그날 밤으로 철수해 버렸다. 제나라 위왕은 기뻤다. 조나라에 구원 요청의 사자로 다녀왔던 순우곤을 초대해 주연을 베풀었다.

왕이 순우곤에게, "그대는 얼마나 마셔야 취하는가?" 하고 묻자,
"한 말로도 취하는가 하면 한 섬으로도 취합니다."
왕은 무슨 뜻에서 그런 말을 한 것인지 의아했다.

이에 순우곤은 주량은 얼마나 마시는가에 달려 있지 않습니다. 횡설수설한다면 아무리 많이 마셨다고 해도 주량이 크다 할 수 없습니다. 그래서 이르기를 '술이 극에 달하면 흐트러지고, 즐거움이 극에 달하면 슬퍼진다' 라고 했습니다.

"모든 일이 다 이러합니다."

위왕은 그날로 밤새워 주연회하던 것을 중지했다. 술을 자제하고 나라를 돌보는데 전념했다.

⑬ **萬事從寬이면 其福自厚니라**
　만사종관　　　기복자후

〈孔子〉

만사에 너그러움을 따르면 그 복이 저절로 두터워진다.

〈공자〉

> **한자풀이**
> 萬(만) : 다수. 크다. 萬物(만물)
> 寬(관) : 너그럽다. 넓다. 寬容(관용)
> 自(자) : 스스로. 몸소. 自身(자신)
> 福(복) : 복. 복 내리다. 돕다. 福壽(복수)
> 厚(후) : 두텁다. 두터이하다. 厚意(후의)
>
> **해설**
> 우화에 햇빛과 바람 중 어느 쪽이 사람의 옷을 벗길 수 있는가 하는 게 있다. 바람은 세차고 강하지만 옷을 벗기기 어렵고, 부드럽지만 그 따뜻함이 지속되면 결국 더워서 옷을 벗게 된다.
> 강한 것은 부러지기 쉽다. 부드러운 관용이 있는 곳에 좋은 사람이 모인다. 좋은 사람은 서로가 돕고 위하는 생활을 하게 되는 것이다. 그러면 복은 저절로 굴러 오게 된다.

예화

주흥이 한창 올라 왕이며 신하들이 흥겨움에 흠뻑 젖어 있을 때 한줄기 세찬 바람이 불어와 촛불들을 일순에 꺼뜨렸다. 순식간에 연회장은 캄캄한 어둠이 들어찼다.

이를 기화로 한 신하가 왕이 총애하는 여자를 끌어안고 더듬었던 것이다. 놀란 여자는 그 사내의 갓끈을 잡아 당겨 끊어진 한 쪽을 거머쥐었다.

"희롱한 사내가 있어요. 처벌해 주세요."

그러나 왕은 여자의 말을 듣지 않았다.

"오늘은 내가 주연을 베풀었으니 즐거운 자리다. 갓끈을 끊지 않은 사람은 나와 더불어 즐거웠다고 할 수 없다."

바로 초나라 장왕(莊王)이다. 그 일이 있고, 얼마 뒤 진(晉)나라와 싸움이 벌어졌다. 한 장수가 남보다 앞서 기세를 돋우어 적장의 머리를 베어 오기를 다섯 번이나 했다. 장왕이 그를 불러 물었다.

"그대의 무공이 전과 다르오."

"불이 꺼진 연회에서 총희를 안았던 바로 그 자입니다."

"대왕, 그 관대하심을 알았기에 목숨으로 은혜를 갚고자 했을 뿐입니다."

그 장수의 무공은 진나라를 물리치는데 큰 힘이 되어 주었다. 장왕의 관대함이 나라를 강성하게 했던 것이다.

⑭ 欲量他人인대 先須自量하라
　　욕량타인　　　선수자량
傷人之語는 還是自傷이니
　상인지어　　　환시자상
含血噴人이면 先汚其口니라
　함혈분인　　　선오기구

〈太公〉

다른 사람을 헤아려 알려 한다면 먼저 모름지기 스스로를 헤아려 보라. 남을 해치는 말은 도리어 자기를 해치는 것이 되니, 피를 머금어 남에게 뿜으면 먼저 그 입이 더러워진다.

〈태공〉

한자풀이
欲(욕) : 하고자 하다. 하려고 하다. 바라다. 欲求(욕구)
須(수) : 모름지기. 마땅히. 수염. 必須(필수)
傷(상) : 상처. 닿다. 어지러지다. 傷害(상해)
還(환) : 돌아오다. 복귀하다. 돌려보내다. 還國(환국)
含(함) : 머금다. 넣다. 품다. 含蓄(함축)

해설
소크라테스는 '네 자신을 알라'라고 했고, 이 말은 수천 년이 흐른 지금도 철학적 명제로 쓰이고 있다. 속담에도 자기에게 묻은 것은 더 고약한데 남에게 묻은 조그마한 오점을 나무라는 것은 어리석다고 했다. 칼로 일어선 자는 칼로 망한다.

예화

"피를 뿌려 가며 승리하는 것은 하책 중의 하책이다."

이렇게 말한 손무(孫武)는 손자병법(孫子兵法)을 남긴 인물이다. 그는 춘추시대 때 오나라 왕 합려를 도와 패업을 이뤄낸 당대의 전술가였다.

손자병법에서 싸우지 않고 승리하는 것을 가리켜 그는, "상책 중의 상책"이라고 했다. 계략을 써서 상대의 전의를 꺾는 것을 제일로 쳤던 것이다. 그는 백전백승을 그다지 좋아하지 않았다.

"백번 싸워 백번 이긴다는 것은 계책으로서 상책이 아니다. 싸우지 않고 적을 굴복시켜라. 그것이 최고다."

항상 이 최고책만을 쓸 수 있게 천하의 상황이 돌아가는 것은 아닌 것이다. 적군과 마주 싸우는 사태도 벌어지기 마련이다. 그는 이것에 대해서도 손자병법 오공편에 다음과 같이 명쾌하게 말했다.

▶ 지피지기 백전불태(知彼知己 百戰不殆)
   자신과 상대방의 상황에 대하여 잘 알고 있으면 백번 싸워도 위태로울 것이 없다.

▶ 부지피이지기 일승일부 (不知彼而知己 一勝一負)
   나를 알고 적을 모르면 승과 패를 각각 주고받을 것이며

▶ 부지피부지기 매전필태(不知彼不知己 每戰必殆)
   적도 모르고 나도 모르면 싸움에서 반드시 위태롭다.

⑮ 喜怒는 在心하고 言出於口하나니
　희노　　재심　　　언출어구
不可不愼也니라
불가불신야

〈蔡伯皆〉

기쁨과 노여움은 마음에 달려 있고, 말은 입에서 나오는 것이니, 삼가하지 않을 수 없다.

〈채백개〉

> **한자풀이**
> 喜(희) : 기쁘다. 즐겁다. 좋아하다. 喜樂(희락)
> 怒(노) : 성내다. 화내다. 怒濤(노도)
> 口(구) : 입. 어귀. 구멍. 口脣(구순)
> 出(출) : 나다. 나타나다. 나가다. 出入(출입)
>
> **해설**
> 기뻐하는 것도 노여워하는 것도 마음이 움직여야 일어나는 감정이다. 입에서 나오는 말도 자기 안에 담긴 생각과 마음이 흘러 나오는 것이다. 그리고 그것이 행동이 되고 상대방과의 관계로 발전한다.

출처: 채백개(蔡帛皆)

후한 영제(靈帝) 때의 학자. 백개는 자임. 사장(辭章)과 경술(經術)에 뛰어나고 시도 잘 지었다. 저서에 채중랑전집(蔡中郞全集)이 있다.

예화

공자가 나이 들어 그의 학문이 원숙함에 이르렀을 때였다. 어느 날 우쭐한 마음으로 문 밖을 나갔다. 한 어린 동자와 마주쳤다.
"제가 한 가지 물어도 괜찮겠습니까? 저 하늘의 별은 몇 개나 될까요?"
"그건 하늘의 것이니, 땅의 것을 물어 보아라."
"이 땅 위에는 돌이 몇 개나 있을까요?"
공자는 대답하지 못했다.
"아이야, 난 사람에 대한 공부를 했다."
"좋아요. 그럼, 사람 몸에 대해 물어볼 게요. 눈에서 가장 가까운 눈썹은 모두 몇 개 일까요?"
공자는 말문이 막혔다. 동자의 질문에 어느 하나 대답한 게 없었다.
"거 보세요. 아무 것도 모르시잖아요. 그런데도 다 아시는 것처럼 제게 큰 소리치셨어요."
공자는 크게 뉘우치고, 다시 공부에 매진하여 죽는 날까지 공부를 게을리하지 않았다.

學而時習(정기편)

1. 명심보감 제5편은 정기편이다. 이 때의 정기를 한자로 쓰면?
   ① 正己   ② 正氣   ③ 精氣   ④ 定期

2. 聞人之過失이어든 如聞父母之名하여 耳可得聞이언정 口不可言也니라. 누가한 말인가?   ① 性理書   ② 馬援   ③ 景行錄   ④ 邵康節

3. 『( )吾善者 是吾賊이요, ( )吾惡者 是吾師니라.』
   강절 소옹 선생의 어록이다. ( )에 맞는 한자는?
   ① 言   ② 語   ③ 道   ④ 曰

4. ( )中不語 眞君子요 財上分明은 大丈夫이니라.
   ① 食   ② 學   ③ 道   ④ 酒

5. 명심보감을 바르게 쓴 것은?
   ① 銘心寶鑑   ② 冥心寶鑑   ③ 明心寶鑑   ④ 明心寶感

----

   1. ① 바른 몸가짐 2. ② "남의 허물을 듣거든 부모의 이름을 듣는 것과 같이하여 귀로 들을지언정 입으로는 말하지 말 것이니라." 3. ③ 4. ④ 5. ③

6. 안분편(安分篇)

자신의 분수를 지켜 편안한 마음을 갖자는 글

이 세상의 모든 것들은 각자의 존재 목적과
역할과 위치가 정해져 있다.
따라서 분수에 맞게 살아갈 것을 가르치고 있다.

① 知足可樂이오 務貪則憂니라
지족가락　　　무탐즉우

〈景行錄〉

만족할 줄을 알면 가히 즐겁고, 탐욕에 힘쓰면 근심이 된다.

〈경행록〉

한자풀이
知(지) : 알다. 분별하다. 知能(지능)
足(족) : 발. 근본. 만족하다. 足跡(족적)
務(무) : 일. 힘쓰다. 業務(업무)
貪(탐) : 탐하다. 더듬어 찾다. 貪慾(탐욕)
憂(우) : 근심하다. 근심. 憂愁(우수)

해설
'지족안분'은 처세의 첫 번째 교훈이라 할 수 있다. 그래서 집안의 가훈으로도 널리 쓰인다. 현대 자본주의나 자유주의 사상은 끝없는 욕망의 추구에 그 바탕을 두고 있다. 따라서 현대의 비극은 만족할 줄 모르는 사회학자의 경고에 귀 기울여 보자.

예화

배가 고픈 늑대가 마을로 내려왔다. 그리고 어느 집에 들어가 우리 속 돼지 한 마리를 물고 산으로 올라갔다. 가던 도중에 염소 한 마리를 보았다. 풀을 뜯어 먹고 있는 염소가 먹음직해 보였다.

"돼지보다 염소가 더 맛이 있을 거야."

그렇게 생각한 늑대는 돼지를 놓아 주고 염소에게 달려들었다. 좋은 먹이감이라고 기뻐하며 염소를 물고 산속을 달아났다. 늑대는 염소를 뜯어 먹을 작정으로 조용한 바위 밑을 찾았다. 토끼 한 마리가 그곳 밑에서 낮잠을 자고 있는 게 보였다.

"귀엽게 생겼구나. 생긴 대로 고기 맛이 부드러울 거야."

늑대는 더 맛좋은 고기를 먹을 수 있게 된다는 욕심에 부풀어 물고 있던 염소를 놓아주었다.

토끼에게 달려들었다. 놀란 토끼는 재빠른 동작으로 구사일생으로 살아났다. 늑대는 배가 고파 왔다. 돼지와 염소라도 먹을까 하고 어슬렁거리며 다시 마을로 내려갔다. 그러나 마주친 것은 호랑이었다. 늑대는 호랑이의 밥이 되고 말았다.

"내가 욕심을 내다가 이 지경이 되었구나."

늑대는 죽어 가며 그렇게 생각했지만, 호랑이는 그걸 알 턱이 없었다.

② 知足者는 貧賤亦樂이요 不知足者는 富貴亦憂니라
　　지족자　　빈천역락　　　부지족자　　　부귀역우

〈景行錄〉

만족할 줄 아는 사람은 가난하고 천하여도 또한 즐거울 것이요,
만족할 줄 모르는 사람은 부귀하여도 또한 근심스럽다.

〈경행록〉

한자풀이
貧(빈) : 가난하다. 곤궁. 貧寒(빈한)
賤(천) : 천하다. 신분이 낮다. 賤民(천민)
亦(역) : 또한. 모두
憂(우) : 근심하다. 憂慮(우려)

해설
"돈이 많다고 행복한 건 아니야."
많이 들어보는 말이다. 뒤집어 보면 행복은 만족할 줄 아는데 있다. 그런데 만족의 기준은 무엇일까? 스스로 만족하며 탐욕을 경계하는 것이 만족에 이르는 지름길이다.

예화

그해 섣달 그믐, 마을에는 떡방아 찧은 소리가 쩡쩡 울렸다. 집집이 다 설 준비를 하고 있는데, 단 한 곳 백결의 집 마당은 조용했다. 이따금 그의 아내가 내지르는 한숨이 흘러나오다가 힘없는 투정소리로 사그라들었다.

"여보, 남들은 방아를 찧는다 뭘 한다 소리내고 있는데 우린 이 모양이군요."

옆에 있던 백결은 할 말이 없어 거문고를 끌어당겼다.

"내 할 말은 없구려. 굳이 말한다면 부귀는 하늘에 달려 있는 법이오. 불평을 가져본들 무슨 소용이 있겠소. 내 대신 거문고로 방아 찧는 소리를 내 보겠소. 이걸로라도 당신에게 위안이 되었으면 하오."

정말 그의 말대로 거문고에서 방아 찧는 소리가 났다. 그 소리가 너무나 똑같았다.

아무도 백결의 이러한 딱한 형편을 눈치채지 못했다.

이윽고 그는 가난을 이겨내고, 신라 당대에 거문고의 달인으로 칭송받았다. 백결선생은 거문고로 만족하였던 것이다.

③ 滿招損하고 謙受益이니라
만초손　　　겸수익

〈書經〉

교만하면 손해를 초래하고, 겸손은 이익을 얻는다.

〈서경〉

한자풀이
招(초) : 부르다. 얽어매다. 招人鐘(초인종)
損(손) : 잃다. 감소하다. 損失(손실)
謙(겸) : 겸손하다. 감하다. 謙遜(겸손)
受(수) : 받다. 얻다. 받아들이다. 受任(수임)
益(익) : 더하다. 증가. 利益(이익)

해설
달도 차면 기운다는 세상의 이치를 생각해보자. 무엇이든지 절정에 이르면 그것이 언제까지 계속되지 않는 것이 세상의 이치이다. 사람이 최고의 절정에 있게 되면 눈에 보이는 것이 없고, 교만과 거만해지기 싶다. "교만은 패망의 선봉"이라는 말을 새겨둘 일이다.

출처: 書經(서경)

유가(儒家)의 오경(五經) 중 한 경전으로 58편(編)이다. 당우(唐虞) 3대에 걸친 중국 고대의 기록이다.

예화

백금(伯禽)과 강숙봉(姜叔封)이 대궐을 나서며 울분을 토했다.

"주공께서 어쩐 일로 우리를 매질하는지 알다가도 모를 일이야. 현인이라는 상자(商子)를 만나 물어 볼까?"

두 사람은 주공을 세 차례 만났는데 그때마다 심한 매질을 당했다.

그들 두 사람의 이야기를 듣고 난 상자가 말했다.

"두 분은 남산의 남쪽에 가면 교(橋)라는 이름의 나무를 보고, 다시 남산의 북쪽에 가면 재(梓)라는 이름의 나무를 보십시오."

교나무는 가지들이 위쪽으로 쭉쭉 뻗어 있었고, 재나무는 아래로 낮게 뻗어 있었다.

두 사람은 다음 날 다시 주공을 찾았다. 이때는 들어서는 순간부터 다소곳한 몸가짐을 갖추고 마루에 무릎 꿇고 앉았다. 주공은 그들의 머리를 쓰다듬었다.

이 날 이후부터 백금과 강숙봉은 겸손한 사람이 되었다.

여기에 말하는 교나무는 아버지의 도리를 이르는 것이고, 재나무는 자식의 도리를 이르는 것이다. 교육의 근본은 인간을 겸손하게 하는 데에 있다.

④ 安分身無辱이오 知機心自閑이라
　　안분신무욕　　　　지기심자한
雖居人世上이나 却是出人間이니라
　수거인세상　　　　각시출인간

〈安分吟〉

편안한 마음으로 분수를 지키면 몸에 욕됨이 없을 것이요, 세상의 기틀을 알면 마음이 절로 한가해지나니, 비록 인간 세상에 살더라도 도리어 이 인간 세상에서 벗어나게 된다.

〈안분음〉

한자풀이
辱(욕) : 욕보이다. 수치. 辱說(욕설)
機(기) : 틀. 조짐. 機微(기미)
閑(한) : 막다. 한가하다. 閑暇(한가)
世(세) : 대(代). 세상. 때. 世代(세대)
却(각) : 도리어. 물리치다. 棄却(기각)

해설
사람은 왜 분수를 지키지 못하는가? 허영과 욕심과 질투 따위들에 마음이 물들어 있기 때문이다. 인생은 '고(苦)'라고 말하기도 한다. 왜 고달픈 인생인가 하면 분수를 지키지 못하고 제멋대로 살기 때문이다.

출처: 안분음(安分吟)

송나라 정이의 이천격양집(伊川擊壤集)에 있는 시. 안분이란 자기 분수를 편안히 여기는 것을 말한다.

예화

분수를 지켜 성실하게 사는 선비는 임금의 사랑을 받고 백성들의 존경을 받았다. 그러나 이 때문에 시기도 받았다. 한이라는 사람이 그러하였다. 한이는 벼슬이 높아질수록 많은 시기를 받았다. 벼슬이 높아졌다고 해서 그의 가난한 생활이 부요하게 바뀌지도 않았다.

평소 한이를 못마땅하게 여긴 신하가 임금에게 고자질을 했다.

"한이는 겉은 가난한 척하지만, 뒤로 챙겨 놓은 게 많습니다. 문을 꼭 걸어 잠그고 보여주지 않는 방이 하나 있다고 합니다. 필시 그곳에는 금은보화를 잔뜩 숨겨 놓았을 것입니다. 내사해 그를 문초해 주십시오."

그런데 듣던 대로 방 하나는 자물쇠가 잠겨 있었다. "저 방을 열어 보게." 방 안을 살펴본 임금과 신하는 그 자리에서 크게 놀랐다.

"아니, 다 떨어진 헌 옷 한 벌밖에 없잖은가?" 한이가 몹시 가난하던 때 입었던 옷이었다. 왕은 의아해 묻자, "지난 날 입었던 옷입니다. 벼슬에 나아간 뒤 분에 넘치는 마음을 먹거나 생활을 하게 되는 것을 경계하려고 둔 것입니다. 종종 이 방에 들어와 스스로 마음을 다스리려 애를 써 오곤 했던 헌 옷입니다."

學而時習(안분편)

1. "편안하게 살기 위해서는 분수에 맞게 살아야 한다."는 것을 강조한 명심보감의 편은?
   ① 안분편   ② 천명편   ③ 순명편   ④ 효행편

2. 『滿招損하고 謙受益이니라』를 번역하라.

3. 景行錄에 云 "知足可( )이오 務貪則憂"니라. ( )에 알맞는 것은?
   ① 食   ② 學   ③ 樂   ④ 悅

4. 濫想은 徒( )身이오 妄動은 反致禍니라. (2부 자료 참조)
   ① 利   ② 喪   ③ 道   ④ 傷

5. 知( ) 常( )이면 終身不辱하고 知止常止면 終身無恥니라.
   (2부 자료 참조) ( )속에 맞는 것은?
   ① 食   ② 學   ③ 足   ④ 酒

----

1. ① 2. "교만하면 손해를 초래하고 겸손하면 이익을 받느니라." 3. ③ 4. ④ 5. ③

7. 존심편(存心篇)

개인의 올바른 수양과 처세에 대한 글

**마음을 어느 방향으로 가 있게 하느냐에 따라
살아가는 인생이 달라진다는 것을 가르치고 있다.**

① 坐密室을 如通衢하고
　좌밀실　　여통구
　馭寸心을 如六馬하면 可免過니라
　어촌심　　여육마　　　가면과

〈景行錄〉

밀실에 앉아 있는 것을 네거리에 앉은 것 같이 하고, 한 가닥 마음 제어하기를 말 여섯 필을 어거하듯이 하면 가히 허물을 면할 수 있다.

〈경행록〉

한자풀이
坐(좌) : 앉다. 무릎 꿇다. 坐視(좌시)
通(통) : 통하다. 꿰뚫다. 通過(통과)
衢(구) : 네거리. 길. 갈림길
馭(어) : 말을 부리다. 마부. 馭車(어거)
寸(촌) : 마디. 寸陰(촌음)

해설
군자는 혼자 있을 때 삼가야 한다.' 중용에 나오는 이 말은 인간은 마음이 한번 흐트러지면 그것이 행동으로 나오기 때문에 혼자 있을 때 또한 자신을 경계해야 한다.

예화

토정비결로 널리 알려진 조선 선조때의 토정 이지함이 열심히 공부하던 때의 이야기이다. 도학으로 이름을 떨친 서경덕을 찾아갔다.

집주인이 출타하고 없었다.

문을 열고 보니 주인의 아내였다.

과일을 내어놓더니 시간이 지나면서 이상한 태도를 보였다.

"한 번 안아주세요."

"이러시면 안 됩니다." 이지함은 나무랐다.

"도리에 어긋나는 일이니 썩 물러가시오."

그럴 즈음 집주인이 돌아왔다.

자신의 아내를 내치며 쫓아내는 광경을 보게 되었다. 집주인은 그 길로 서경덕을 찾아가 사실을 알렸다.

"내가 더 가르칠 게 없네. 그대의 인격은 높은 경지에 이르러 있다네."

집주인의 아내와 있었던 일은 서경덕이 이지함을 인정하는 결정적인 일이 되었다.

이지함은 기골이 장대하고 풍채가 좋았다. 뭇 여성이 좋아하는 미남이었지만, 함부로 미혹되어 여색에 빠지지 않았다. 그 대신 높은 수련을 쌓아 주역에 밝은 경지에 이르러 큰일을 후세에 남겼던 것이다.

② 聰明思睿라도 守之以愚하고
　총명사예　　　수지이우
　功被天下라도 守之以讓하고
　공피천하　　　수지이양
　勇力振世라도 守之以怯하고
　용력진세　　　수지이겁
　富有四海라도 守之以謙이니라
　부유사해　　　수지이겸

〈孔子〉

총명하고 생각이 슬기로울지라도 어리석은 체함으로써 이를 지켜야 하고, 공적이 천하를 덮더라도 사양함으로써 이를 지켜야 하고, 용맹이 세상에 떨칠지라도 늘 조심하여야 하고, 부가 사해를 소유했다 하더라도 겸손으로써 이를 지켜야 한다.

〈공자〉

한자풀이
聰(총) : 총명하다. 듣다. 聰氣(총기)
守(수) : 지키다. 지조. 守備(수비)
讓(양) : 양보하다. 넘겨주다. 讓步(양보)
振(진) : 떨치다. 떨다. 振動(진동)

해설
공자는 잘난 체하는 사람을 가장 싫어했다. 머리가 똑똑하다고 그것에 의지하지 않고, 크게 공을 세웠다고 그것을 떠벌리지 않으며, 부자가 되었다고 거들먹거리지 않는 사람을 사람다운 사람이라고 했던 것이다.

예화

임치종이라 하면 구한말의 대표적인 부자였다. 가난한 사람을 도와주었고, 나라의 부실한 재정 형편을 알고는 선뜻 자신의 재산 일부를 내어 놓았던 사람이었다.

하루는 금고에 넣어둔 은붙이들을 마당에 꺼내어 놓고 햇볕에 쬐고 있었다. 닭들이 반짝이는 것을 보고 먹이인 줄 알고 주위에 모여들었다. 그 때에 솔개 한 마리가 날아들더니 닭 한 마리를 채어 갔다.

이 광경을 임치종이 목격했다. 그동안 재산이 불면 불었지 줄어든 일은 없었다. 닭 한 마리가 없어진 것은 재산이 줄어든 것이다.

재산이 가득하면 언젠가는 그것이 기울게 된다는 세상 이치를 깨닫게 하는 것일까? 곧바로 서사를 불러 구술했다.

"지금부터 내가 말하는 대로 쓰고 행하라. 우선 내 재산의 목록을 작성하고, 그런 뒤 내 친지들 중 가난하고 어려운 자들에게 나눠줄 문서를 작성하기로 한다." 그는 자신이 작성한 대로 재물을 나누어 주기 시작했다.

"차면 기우는 게 세상의 이치인 법이다. 그동안 차기만 했던 내 운세가 이제는 기우는 일만 남았다. 내가 지킨다고 해서 지켜질 재산도 아니고 내 자식들이 지킨다 해서 지켜질 수 있는 게 재물이 아니다.

이것을 안 나라에서 임치종의 가족들을 돌보았다. 그것은 지난 날 임치종이 나라의 재정에 내어놓았던 공금 돈의 일부였던 것이다.

③ 施恩이어든 勿求報하고 與人이어든 勿追悔하라
　　시은　　　　물구보　　　　여인　　　　물추회

〈素書〉

은혜를 베풀었거든 그 보답을 바라지 말고, 다른 사람에게 주었거든 뒤에 가서 뉘우치지 말라.

〈소서〉

한자풀이
施(시) : 베풀다. 행하다. 施惠(시혜)
報(보) : 갚다. 알리다. 報償(보상)
與(여) : 주다. 동아리가 되다.
追(추) : 쫓다. 따르다. 追跡(추적)
悔(회) : 뉘우치다. 아깝게도. 후회. 悔恨(회한)

해설
어떤 부자가 자신에게 빚을 진 10명을 불러다 모두 탕감해 준 일이 있다. 세월이 지나 그 은혜를 잊지 않고 찾아온 사람은 그 중 겨우 1명밖에 되지 않았다. 진정 은혜를 잊지 않는 사람이야말로 가장 올바른 인간인 것이다.

예화

　1795년, 지금의 제주도 탐라에는 심한 기근이 들었다. 초근 목피로도 연명할 수 없어 죽어가는 백성이 속출했다. 정조 임금이 식량을 내려보내 구제하려고 했지만, 한양에서 탐라까지 실어 나르는 기간이 결코 짧지 않았다. 때에 맞춰 식량을 수송할 수 없게 되자 한 여인이 나서서 천금의 돈을 쾌척해 가까운 육지에서 쌀을 사오게 했다.

　어려서 부모를 잃은 그녀는 의지할 데 없자 기녀의 양딸로 들어가 살았다. 성장한 뒤에는 관청의 기생 명부에 이름을 올려 기생이 되었다. 그런데 그녀는 기생의 신분을 부끄러워하지 않고 오히려 당당히 사내를 다루었는가 하면 재물도 모았다. 그녀는 나이 스물을 지나자 관청에 찾아가 자신이 본래 양민의 딸이었음을 밝히고 기생명부에서 몸을 빼는 당돌함을 보이기까지 했다.

　이후 그녀는 크게 사업을 벌여 탐라의 여재벌이 되었다. 불우한 사람들을 돕는데 돈을 아끼지 않는 여장부였다. 이런 그녀가 극심한 기근에 재물을 내어놓아 육지에서 쌀을 사들여 굶어 죽는 탐라의 백성들을 살려냈다. 그녀는 조건 없이 재물을 내어놓았음은 물론, 더구나 그런 덕행으로 생색을 내거나 하지 않았다.

　"참으로 장한 여자다. 남자도 못할 일을 한 여인이 했다." 그녀의 이름이 만덕이다. 조선시대의 훌륭한 여인의 한 사람으로 꼽히고 있다.

④ 懼法朝朝樂이오 欺公日日憂니라
　　구법조조락　　　기공일일우

〈孫思邈〉

법을 두려워하면 아침마다 즐거울 것이요, 공사(公事)를 속이면 날마다 근심될 것이다.

〈손사막〉

한자풀이
懼(구) : 두려워하다. 근심. 걱정. 疑懼(의구)
法(법) : 법. 예의. 도리. 모범. 모형. 法律(법률)
朝(조) : 아침. 시작의 때. 왕조. 朝野(조야)
欺(기) : 속이다. 거짓. 欺瞞(기만)
日(일) : 해. 해의 움직임.

해설
법을 두려워하라는 것은 겁을 먹으라는 것이 아니라, 불법을 경계하며 악행을 멀리하라는 뜻이다.
공과 사를 엄격히 구별하라는 것도 마찬가지다. 공직에 있으면서 사사로운 욕심으로 부정부패를 저질러 패가망신하는 사람이 많음을 경계한 것이다.

출처: 孫思邈(손사막)

당나라 때의 명의. 벼슬을 마다하고 태백산에 들어가 수도함. 의학책 천금방(千金方) 30권을 저술하였다.

예화

신라 진평왕 때 극심한 흉년이 들어 굶주리는 백성이 많았다. 그러나 궁궐의 곡식창고에는 식량이 있었다. 이곳을 지키는 사람으로 검군(劍君)은 아주 정직해 법을 어길 줄 몰랐다. 하지만 유혹이 너무도 많았다.

"이보게, 눈앞에 곡식이 쌓인 걸 보고도 굶주릴 수 없잖은가. 조금만 빼돌리게."

그럴 때마다 검군은 죽음에 이른다 해도 법을 지키는 게 더 옳다는 마음이었다. 그런 자신에게 어떤 위험을 닥칠지도 알았다.

어느 날, 그날도 법을 지키며 하루를 보내고 집으로 돌아가는 길이었다. 어둑한 골목에서 "좀 보자구!"

검군은 피하지 않기로 했다.

그들이 자기를 죽이려 한다는 것을 눈치 챘던 것이다. 그런 뒤 검군은 몰래 술잔에 독약을 타 스스로 목숨을 끊었다. 법을 지키기를 아까워하지 않았던 것이다.

⑤ 守口如甁하고 防意如城하라
　수구여병　　　방의여성

〈朱文公〉

입을 지키기를 병과 같이 하고, 뜻을 막기를 성 같이 하라.

〈주문공〉

한자풀이
守(수) : 지키다. 직무. 직책. 지조. 守備(수비)
甁(병) : 병. 항아리. 시루
防(방) : 막다. 덮다. 가리다. 防禦(방어)
如(여) : 같다. 따르다
城(성) : 성. 나라. 도읍. 성을 쌓다. 城郭(성곽)

해설
작심삼일이라는 말이 있다. 한번 세운 뜻을 끝까지 지켜가겠다고 하지만 3일도 가지 못하는 경우가 많다. 그러나 끝까지 인내하고 뜻을 이뤄나가는 사람이 세상에서 성공한다. 인간의 약점을 극복하고 잘 처신하는 사람이 성공적인 일생을 살아갈 수 있다.

출처: 주문공(朱文公, 1130~1200)

　남송의 대학자. 이름은 희(熹). 호는 회암(晦庵). 문공(文公)은 시호. 성리학을 세운 사람으로 흔히 주자(朱子)로 불리고 있다.

⑥ 心不負人이면 面無慙色이니라
심불부인　　　면무참색

〈朱文公〉

마음에 남을 저버리지 않으면 얼굴에 부끄러운 기색이 없다.

〈주문공〉

> **한자풀이**
> 負(부) : 책임을 지다. 빚을 지다. 負債(부채)
> 面(면) : 낯. 표면. 面相(면상)
> 慙(참) : 부끄러워하다. 수치.
> 色(색) : 빛. 빛깔. 얼굴빛. 색채. 윤. 광택. 모양. 상태. 여색. 정욕. 色彩(색채)
>
> **해설**
> 사람의 심리상태를 가장 잘 나타내는 것이 얼굴이다. 당황하거나 부끄러워지면 벌겋게 달아오르고, 뭔가를 속이거나 불안해할 때 그 눈빛에 가장 먼저 나타난다. 배신자가 되지 말라! 남을 속이지 말라! 남을 의심하지 말라!

예화

도끼를 잃어버린 사람이 그걸 찾느라 마음이 편치 않았다. 아무래도 이웃집 아이가 수상쩍어 보였다.

"임마, 네가 가져갔지?" 물어보면 될 것인데 머뭇거렸다.

길에서 마주칠 때 보면 거동도 수상해 보였고, 안색이나 말투도 훔쳐 간 녀석의 태도로 보였다.

"모든 걸 보아도 저 놈이 도끼를 훔쳐 갔어."

내일이면 불러내 따지려다 뒷산 골짜기에 갔다가 그곳에서 잃어버린 도끼를 발견했다. 지난번에 나무를 하고는 그만 거기에 두고 깜빡 잊고 왔던 것이다.

다음 날 길에서 이웃집 아이를 마주쳤다.

"이젠 도둑놈으로 보이지 않잖아?"

다시 보아도 아이의 거동이나 얼굴색에 수상 쩍은 데가 하나도 없어 보였다.

사람은 남의 이야기를 들으면서 억단(臆斷)하는 경향이 있다. 억단은 자신의 생각에 따라 남의 말을 판단하기 때문에 일어나는 것이다. 그것은 마치 동쪽을 향해 앉아 있는 사람에게 서쪽의 담장이 보이지 않는 것과 같다.

⑦ 心安茅屋穩이오 性定菜羹香이니라
심안모옥온　　성정채갱향

〈益智書〉

마음이 편안하면 초가집도 안온하고, 성품이 안정되면 나물국도 향기롭다.

〈익지서〉

한자풀이
茅(모) : 띠. 띠로 이은 집. 茅屋(모옥)
穩(온) : 평온하다. 곡식을 걷어 모으다. 平穩(평온)
菜(채) : 나물. 푸성귀. 菜蔬(채소)
羹(갱) : 국. 땅이름
香(향) : 향기. 향기롭다. 香臭(향취)

해설
'안빈낙도(安貧樂道)'는 아무리 가난해도 근심없이 자연과 벗하며 사는 것을 말한다. 오늘날의 가난은 상대적 가난으로 의식주가 해결되지 않아서가 아니라 남보다 더 잘 살지 못하는 것에 대한 불행한 가난을 말한다. 가난하게 살라는 것이 아니라, 진정한 삶의 행복이 어디에 있는가를 꿰뚫어보라는 것이다.

예화

황희 정승은 그는 늘 마음의 평안을 위해 작은 일에도 공평을 기했다. 하루는 두 여자 종이 그의 앞으로 달려왔다. 크게 싸운 모양이었다. 숨가빠했다.

"웬 일로 그러느냐? 숨 좀 가라앉히고 말을 해라."

황희는 먼저 두 여종을 다독거렸다. 그러나 두 여종은 그의 앞에서도 다투기를 그치지 않았다. 한 쪽 여종의 말을 다 들은 황희는 대답해 주었다.

"네 말이 옳다."

다른 쪽 여종이 아니라고 눈물을 똑똑 흘리며 항변했다.

"그렇구나. 네 말도 옳다."

두 여종은 서로 마주 얼굴을 보았고, 황희 곁에 있던 그의 아내가 어이없어 타박했다.

"대감, 딱하시기도 합니다. 한쪽이 옳으면 다른 쪽이 틀린 것인데, 둘 다 옳다 하니 그런 경우가 없지요."

황희는 그 아내를 바라보며 대답했다.

"당신 말도 옳구려."

문제 해결을 한쪽으로 치우치지 않고 살아간 황희는 정승에 올라서도 검소했다. 초가집을 마다하지 않았고, 나물국의 식사도 즐겨 하며 살았다.

⑧ 以愛妻子之心으로 事親則曲盡其孝니라
　　이애처자지심　　　사친즉곡진기효

〈景行錄〉

처자를 사랑하는 마음으로 부모님을 섬긴다면 그 효도를 극진히 할 수가 있다.

〈경행록〉

한자풀이
愛(애) : 사랑. 사랑하다. 愛情(애정)
妻(처) : 아내. 시집보내다. 妻家(처가)
曲(곡) : 굽다. 휘다. 굽히다. 사악하다. 曲解(곡해)
盡(진) : 다되다. 비다. 줄다. 없어지다. 盡力(진력)
孝(효) : 효도. 孝子(효자)

해설
자식이 시집 장가가고 나면 제 배우자밖에 챙길줄 모른다며 부모가 섭섭해 한다. 이러한 인간의 심성을 잘 표현해 준 말로, '자식 10명보다 악처 1명이 더 낫다'라는 속담이 있다. 부모 섬기기를 처자를 돌보는 마음으로 한다면 바로 이것이 극진한 효도라고 가르치고 있다.

예화

"어쩔 수 없지. 부모는 다시 얻을 수 없어. 자식이야 또 낳으면 되는 일이지만."

이렇게 중얼거리던 곽거(郭巨)는 구덩이를 파 자식을 묻을 셈이었다. 그는 너무도 가난했다. 노모와 아내, 그리고 세 살 난 자식을 먹여 살리기조차 어려웠다.

노모는 자신의 밥을 아이에게 주었던 것이다. 곽거는 노모가 굶고 아이가 그것을 대신 먹어야 하는 가난 앞에서 절망했다.

"그래, 차라리 아이를 죽이자."

그래서 구덩이를 파기 시작했던 것이다. 삽을 들 때부터 고인 눈물이었다.

늙은 어머니를 포기할 수 없었다. 아이를 죽임으로 어머니가 조금 더 살아계셔야 한다. 이것이 곽거의 마음이었다. 그는 삽을 들어 마지막으로 땅에 박았다. 둔탁한 소리가 나며 삽끝에서 이상한 소리가 났다.

곽거는 조심스럽게 삽으로 흙을 긁어 보았다. 놀랍게도 금으로 된 커다란 솥 하나가 거기에 나타났다. 후한(後漢)시대에 살았던 곽거는 아이를 생매장하지 않아도 되었다.

⑨ **爾謀不臧**이면 **悔之何及**이며
　이모부장　　　회지하급
爾見不長이면 **教之何益**이리오
　이견부장　　　교지하익
利心專則背道요 私意確則滅公이니라
　이심전즉배도　　　사의확즉멸공

〈景行錄〉

너의 꾀가 착하지 못하면 이를 뉘우친들 어찌 미칠 수 있으며 너의 소견이 훌륭하지 못하면 이를 가르친들 무슨 이익이 있으리요. 오직 자신의 이익만 생각한다면 도에 어그러지고, 사사로운 의견이 확고하면 공사(公事)를 망치게 된다.

〈경행록〉

한자풀이
爾(이) : 너. 그. 이.
不(불,부) : 옛말에는 부로 읽음.
謀(모) : 꾀. 계획하다. 謀事(모사)
及(급) : 미치다. 이르다. 過不及(과불급)
敎(교) : 가르침. 하여금. 敎育(교육)
滅(멸) : 없어지다. 멸하다. 滅亡(멸망)

해설
계획하고 꿈꾸는 삶의 목적에는 선한 마음이 깃들어야 한다. 그렇지 못하면 제아무리 똑똑하고 큰일을 한다고 해도 해악을 끼치게 된다.

예화

퇴계 선생에게는 안도라는 손자가 있었다. 그가 벼슬을 하여 한양에 가 있게 되었다. 때마침 자식을 얻었다. 그런데 유모 문제로 바람직하지 않은 일이 귀에 들려와 퇴계가 손자를 불렀다.

"유모를 데려가겠다면서?"

"네."

"유모도 아이를 낳은 지 얼마 되지 않았는데 아기를 떼어놓고 데려가겠다면서?"

"그렇습니다."

퇴계가 잠시 손자를 지긋이 바라보다가 말했다.

"남의 자식을 죽여서 자기 자식을 살리는 것은 옳지 않다고 선인들이 말해 왔다."

손자가 말문을 열지 못했다.

"유모의 아기도 데려가라. 네 아이와 함께 기르는 게 더 옳은 일이다. 네 자신의 이익만을 생각하지 말라는 뜻이다."

이렇게 사람의 꾀, 사사로운 생각이 합당하지 않음을 퇴계는 손자에게 가르쳤던 것이다.

學而時習(존심편)

1. 『(㉠)恩勿求報하고 (㉡)人勿追悔하라.』

   1-1. 위의 ㉠에 들어갈 적절한 글자는?

   ① 여(與)   ② 시(施)   ③ 수(授)   ④ 급(給)

   1-2. 위의 ㉡에 들어갈 적절한 글자는?

   ① 여(與)   ② 시(施)   ③ 수(授)   ④ 급(給)

   1-3. 성독(聲獨: 소리내어 읽음)할 때 원문을 2자, 3자씩 나눌 경우에 말하듯이 토씨를 추가해서 한글로 써 보시오.

2. 景行錄에 云 坐密室을 如通衢하고 馭寸心을 如六馬하면 可免過니라. 이를 해설해 보시오.

3. 素書에 云 薄施厚望者는 不報하고 貴而忘賤者는 不久니라. 이를 해설해 보시오.

1-1. ②, 1-2 ① 1-3 시은이거든 물구보하고 여인이거든 물추회하라.
2. 〈경행록〉에 이르기를, "비밀스런 방에 앉았어도 마치 네 거리에 앉은 것처럼 하고, 작은 마음을 제어하기를 마치 여섯 필의 말을 부리듯 하면 가히 허물을 면할 수 있느니라."고 하셨다. 3. 〈소서〉에 이르기를, "박하게 베풀고 후한 것을 바라는 자에게는 보답이 있을 수 없고, 몸이 귀하게 되고 나서 천했던 때를 잊는 자는 오래 계속하지 못하느니라."고 하였다.

8. 계성편(戒性篇)

하늘로부터 부여받은 본성을 수양하는 글

하늘로 부터 부여받은 선한성품(성선설)을 온전히 보존하여
악에 물들지 말것을 강조하고 있다. 특히 선을 해치는
방종, 격정, 불안 등을 찾을 때 본성을 지킬수
있다고 가르치고 있다.

① 人性이 如水하여 水一傾則不可復이오
　　인성　　여수　　　수일경즉불가복
性一縱則不可反이니 制水者는 必以堤防하고
　성일종즉불가반　　　　제수자　　　필이제방
制性者는 必以禮法이니라
　제성자　　필이예법

〈景行錄〉

사람의 성품은 물과 같으니, 물은 한번 기울어지면 다시 회복할 수가 없고, 성품은 한번 방종해지면 돌이킬 수가 없다. 물을 제어하고자 하는 사람은 반드시 둑으로써 하여야 하고 성품을 제어하고자 하는 사람은 반드시 예법으로써 하여야 한다.

〈경행록〉

한자풀이
傾(경) : 기울다. 뒤집히다. 눕다.
復(복) : 돌아오다. 뒤집다. 復歸(복귀)
制(제) : 다스리다. 만들다. 制御(제어)
堤(제) : 방죽. 막다. 堤防(제방)

해설
'세 살 버릇이 여든 간다'는 속담을 곰곰이 생각해 볼 일이다. 이를테면 나이 들어 주도를 배울 때에도 어른에게서 바로 배워야 술버릇이 나쁘게 되지 않는다는 점을 상기해 볼 일이다.

예화

낚시광의 대명사로 불리는 강태공(姜太公)은 공부를 열심히 한 사람이었다. 그는 젊은 시절 결혼하고서도 공부에만 전념했다. 일을 하지 않으니 궁핍한 살림을 면할 수 없었고, 아내 마씨 부인은 견디지 못하고 친정으로 돌아갔다.

강태공은 때를 기다리며 낚시로 세월을 보내다가 주나라 문왕을 만났다. 문왕은 그를 제나라 땅의 제후로 앉혔다. 이 소식을 들은 마씨 부인이 강태공에게 되돌아와 아내로 맞아줄 것을 청했다. 강태공은 자리에서 일어서더니 그릇에 물을 가득 담아와 그것을 마당에 부었다.

무슨 일인가 하고 의아해 하는 부인을 향해 강태공은,

"내가 마당에 쏟은 물을 다시 그릇에 담아 보시오."라며, 빈 그릇을 건네어 주었다. 잠시 후 부인이 담아 온 것은 물을 잔뜩 먹은 진흙뿐이었다. 강태공이 그것을 가리키며,

"이와 같이 엎질러진 물은 다시 담을 수 없소이다(覆水不收). 헤어진 부부가 다시 합치기는 어려운 것이오."

이런 말로 자신의 뜻을 표명했다. 마씨 부인은 더 이상 애원하기를 그만두고 떠났다.

② 得忍且忍이오 得戒且戒하라 不忍不戒면
　　득인차인　　　득계차계　　　　불인불계
　小事成大니라
　　소사성대

〈景行錄〉

(능히) 참고 또 참으며 (능히) 경계하고 또 경계하라. 참지 못하고 경계하지 못하면 작은 일이 크게 된다.

〈경행록〉

한자풀이
忍(인) : 참다. 동정심이 없다. 忍耐(인내)
且(차) : 또. 잠깐. 장차. 重且大(중차대)
戒(계) : 경계하다. 조심하고 주의하다. 戒律(계율)
成(성) : 이루다. 정하여지다. 成事(성사)

해설
바늘도둑이 소도둑이 되는 것이다. 작은 것을 우습게 보다가 일이 커지는 게 세상의 모습이다. 아무 것도 아닌 일을 자기 성질을 참지 못하고 해대는 바람에 낭패를 보는 일이 많다. 진정한 자존심을 지켜가려면 참아야 그 진가가 나타난다.

예화

윤회는 오랜만에 고향을 찾아가고 있었다. 어느 새 날이 저물어 한 여인숙을 찾아들었다. 그런데 투숙을 받아 주지 않았다.

"허어, 거참 이상한 일이다."

그렇게 중얼거리며 여인숙 마당가에서 머뭇거리고 있었다. 그 때에 주인집 아이가 제법 큼직한 진주 하나를 들고 나와 가지고 놀고 있었다. 그러다가 그걸 땅에 떨어뜨리고 말았다. 마침 거위 한 마리가 곁에 있다가 달려들어 삼켜 버렸다.

진주를 찾던 주인이 잃어버린 줄 알고, 윤회를 의심하게 되었던 것이다. "자네가 훔쳤지?"

윤회가 아니라고 해도 소용없었다. 주인은 윤회를 묶어 놓았다.

날이 새면 관가에 알려 문초하기로 했다.

"저 거위를 묶어 내 곁에 함께 있게 해 주십시오."

아닌 게 아니라 거위가 진주를 뒤로 내놓은 게 아닌가?

주인은 거위를 왜 묶어 곁에 두라고 했는지 이유를 알았다.

"하지만, 왜 진작 말하지 않았습니까?"

"어제 내가 말을 했다면 어떻게 하셨겠습니까? 그 자리에서 거위를 잡아 죽여 배를 갈랐을 것이 아닙니까? 그렇게 하면 진주를 금방 찾을 수는 있었겠지요. 내 비록 욕됨을 잠시 참았던 것 뿐입니다."

③ 屈己者는 能處重하고 好勝者는 必遇敵이니라
  굴기자   능처중   호승자   필우적

〈景行錄〉

자신을 굽히는 자는 능히 중요한 위치에 있게 되고, 이기기를 좋아하는 자는 반드시 적을 만난다.

〈경행록〉

한자풀이
屈(굴) : 굽히다. 물러나다. 屈從(굴종)
能(능) : 능하다. 잘하다. 能熟(능숙)
處(처) : 살다. 묵다. 居處(거처)
遇(우) : 만나다. 뜻이 합치하다. 遭遇(조우)
敵(적) : 원수. 상대방. 맞서다. 敵陣(적진)

해설
지는 것이 이기는 것이다. 이기기를 바라는 사람은 적만이 만나는 게 아니다. 남과 더불어 살아가야 하는 게 세상이다. 그렇지 못한 사람을 타인이 좋아할 리 없다.

예화

이솝 우화에 나오는 이야기이다.

모기가 감히 사자에게 덤벼들고 있었다.

"넌 내게 그 무서운 발톱으로 할퀴려고 할 테지. 그리고 송곳니로 날 먹어치우려고 할 테지. 그래, 어디 해봐."

모기는 휘익 사자에게 날아들더니 콧구멍 위를 선회했다. 그리고 거센 콧김이 뿜어져 나오는 그 위를 향해 돌진했다. 콧구멍 주위를 물어뜯긴 사자는 앞발을 들어 모기를 막았다. 사자는 지쳤다. 계속 공격하는 모기를 막다 보니 자기 발톱으로 콧등에 상처를 내기 일쑤였다. 모기는 의기양양했다.

"내 말이 맞지? 넌 나를 이길 수 없는 거야. 아무리 등치가 크고, 동물의 왕자라고 해도 말이야."

콧노래를 부르며 모기는 사자 곁을 떠났다.

"난 사자를 이겼어. 대단한 놈이지. 안 그래?"

잔뜩 기분이 좋아진 모기는 으스대며 숲속으로 날아갔다. 그러나 잠시 후, 모기는 비명을 질렀다. 눈 깜짝할 사이에 거미줄에 걸리고 말았다. 모기는 "내가 사자에게 이기겠다고 큰 소리 치지만 않았더라면."

어느새 모기는 거미의 입에 아삭아삭 몸이 찢기고 있었다.

④ 凡事에 留人情이면 後來에 好相見이니라
　범사　　유인정　　　후래　　호상견

〈景行錄〉

모든 일에 인정을 남기면 뒷날 서로 보기가 좋다.

〈경행록〉

한자풀이
凡(범) : 무릇. 모두. 다.
留(유) : 머무르다. 기다리다. 留宿(유숙)
相(상) : 서로. 바탕. 相異(상이)
見(견) : 보다. 생각해 보다. 변별하다. 소견. 見解(견해)

해설
마음을 주고받고 서로 아끼던 사람이 유난히 그리워지는 것도 바로 서로의 사이에 인정이 흘렀기 때문이다. 기억하고 싶지 않는 사람은 인정이 없었던 사람이다. 그러므로 인정은 인간관계를 오래 지속케 하고 서로를 따뜻하게 하는 힘이 있다.

예화

세종 때 맹사성(孟思誠)은 인정 많은 재상이었다. 검소했기에 여행을 다녀도 점심을 갖고 다니기 일쑤였다. 한번은 고향집에 갔다가 한양으로 돌아가는 길이었다.

어느 주막에서 잠시 쉬었다 가게 되었다. 그때 비단옷 차림의 젊은이가 들어왔다. 맹사성의 차림은 화려한 데가 없어 농부 티가 났다. 때가 점심 무렵이라 젊은이는 맹사성을 향해,

"어르신, 점심이나 같이 먹읍시다." 하고, 인정있는 태도를 보였다.

맹사성이 젊은이를 관찰해 보니 부자집 자제이면서도 인정이 있는 모습이었다. 둘의 대화는 술과 함께 깊어졌고, 공당놀이를 제안하면서 의미있는 시간을 보냈다.

며칠 뒤, 젊은이가 과거시험의 관문을 통과해 마지막 구술 시험장에 나왔다. 시험관 앞으로 젊은이가 나갔다.

젊은이는 고개를 숙여 물음을 기다리고 있었다.

고개를 들고 보니 바로 그 노인이었다. 그 노인이 구술 시험관인 맹사성 재상이었다.

"죽을 죄를 지었습니다."

젊은이는 주막에서의 무례를 사죄했다. 맹사성은 주막에서 이미 젊은이의 성품을 보아 알고 있었다.

과거에 급제한 젊은이는 맹사성의 가르침을 이어 받아 목숨을 바쳐 나랏일을 했다.

學而時習(계성편)

1. 명심보감에서 "경계해야 할 성품에 관한 글들"을 모은 편의 이름은?
   ① 계성편   ② 천명편   ③ 순명편   ④ 안분편

2. 景行錄에 云『屈(　)者는 能處重하고 好勝者는 必遇敵이니라』에서 (　)에 들어갈 한자 1글자는?

3. 不(　)不戒면 小事成大니라. (　)속의 1글자는?

4. 凡事에 有(　)이면 後來에 好相見이니라. (　)속에 단어는?

5. 다음에서 잘못 읽은 것은?
   ① 看做(간주)   ② 槪括(개괄)   ③ 敎唆(교사)   ④ 救恤(구혈)

----

1. ① 2. 기(己), "자신을 굽히는 자는 능히 중요한 자리에 있게 되고, 이기기를 좋아하는 자는 반드시 적을 만나느니라." 3. 忍(인), "참지 못하고 경계하지 못하면 작은 일이 크게 되느니라." 4. 인정(仁情), "모든 일에 인정을 남기면 뒷날 서로 보기가 좋으니라." 5. ④ 구휼(금품으로 구제)

9. 근학편(勤學篇)

학문에 정진하는 올바른 자세에 관한 글

먼저 뜻을 세워야 배우는 사람이 될 수 있다.
그후 일정한 경지에 이르렀을 때
깨달음과 자유로움을 느낄 수 있다.
사람이 배우지 않으면 올바른 인생을
살아갈 수 없는 것이다.

① 博學而篤志하고 切問而近思면 仁在其中矣니라
　박학이독지　　　절문이근사　　　인재기중의

〈孔子〉

널리 배워서 뜻을 두텁게 하며, 간절히 묻고 깊이 생각하면, 어짊이 그 속에 있다.

〈공자〉

한자풀이
博(박) : 넓다. 평평함. 博識(박식)
篤(독) : 도탑다. 신실하다. 篤實(독실)
切(절) : 끊다. 간절하다. 懇切(간절)
思(사) : 생각하다. 생각. 뜻. 마음. 思考(사고)
仁(인) : 어질다. 자애. 仁術(인술)

해설
배우지 않고는 생각도 깊지 않다. 생각이 깊어지면 물음도 깊어지고, 그 깊은 물음 속에서 진리가 반짝인다. 평범한 것이라도 의문을 갖고 뒤집어 보면 새로운 발상을 얻을 수 있다. 질문해 보는 마음에서 아이디어가 생겨난다. 깊은 사고를 거쳐야 그것의 본질을 선명하게 얻을 수 있는 법이다.

예화

조선 중종 때의 인물 박영은 양녕대군의 외손자로 여섯 형제간에 우애가 깊었다고 한다. 그는 뛰어난 신하로 존경을 받았는데 늘 배움을 소홀히 하지 않았다. 무예에 남달리 뛰어났지만, 무예에만 뛰어나서는 안 된다는 것도 깨달았다.

벼슬을 하게 되어 한양에 갈 때였다. 하룻밤 여인숙에 묵고 있던 그날 밤, 도둑들이 상인들을 습격한 것이었다.

박영이 이를 알았고, 그는 지대가 높은 곳으로 갔다. 그 위에서 화살을 날리기 시작했다. 화살 날아가는 소리는 날카로운 소리를 내며 도둑들 머리 위에 울려 퍼졌다. 도둑 떼는 놀랐다.

"화살이 비 오듯 하잖아. 안 되겠다."

뿔뿔이 흩어져 사라져 버렸다. 그런 무예의 솜씨를 가진 박영이었는데 "무예에 뛰어난 건 좋지만 그건 용감한 장부에 불과하다. 글을 배우지 않고는 진정한 군자가 될 수 없다."는 충격적인 말을 들었다.

박영은 그 길로 뜻을 세워 책을 가까이 하며 학문에 전념했다. 뒷날 그는 제자들을 가르치기도 했다. 무예와 학문에 다 깊이를 얻은 박영이라, 제자들은 모두 공경하고 따랐다.

② 人之不學은 如登天而無術하고
　인지불학　　여등천이무술
　學而智遠이면 如披祥雲而覩靑天하고
　학이지원　　　여피상운이도청천
　如登高山而望四海니라
　여등고산이망사해

〈莊子〉

사람이 배우지 않으면 아무 기술도 없이 하늘에 오르려는 것과 같고, 배워서 지식이 넓어지면 상서로운 구름을 헤치고 푸른 하늘을 보는 것과 같고, 높은 산에 올라가 사해를 바라보는 것과 같다.

〈장자〉

한자풀이
登(등) : 오르다. 타다. 登頂(등정)
術(술) : 수단. 방법. 규칙. 術數(술수)
祥(상) : 상서롭다. 복. 좋다. 祥瑞(상서)
覩(도) : 보다
高(고) : 높다. 높아지다. 뽐내다. 高等(고등)

해설
한 때 유행했던 말에, "배워서 남 주나"가 휩쓴 적이 있다. 배움에 대한 갈망을 통해서 인간이 인간다워지고 좋은 삶을 살 수 있는 것이다. 그래서 자주 하게 되고 듣는 말이, '죽을 때까지 배워라. 늘 책과 가까이 지내라.'고 하는 것이다.

예화

조선 인조 때. 조위한이 어느날 홍문관에서 숙직을 하고 있었다.

한 선비가 그의 곁에서 책을 읽다가 말고,

"공부란 도대체 무언가? 책을 덮고 나면 잊고 마니 이렇게 배운다 한들 뭐에 쓰겠는가!"라고 탄식을 하는 것이었다. 이 말을 조위한이 들었다.

"듣자 하니 타일러 주고 싶군."

선비는 무슨 말인가 하고 귀를 기울였다.

"예를 들자면 사람이 먹는 음식도 뱃속에 머물러 있지는 않네. 밖으로 나간다 말일세. 그렇긴 하지만 음식의 좋은 기운은 사람의 몸에 남아 기름지게 해 주지.

이와 마찬가지로 책을 읽는 것도 같다네. 보고 나서 잊어버린다고 해서 쓸모없는 게 아니지. 사람이 알지 못하는 사이에 읽은 책이 기름지게 해 주는 걸세.

말하자면 기억할 수 없다고 해서 책을 버려서는 안된다는 것이지.

이를테면 재주도 없이 어떻게 하늘에 오를 수가 있겠는가 말일세."

듣고 보니 틀린 말이 아니었다. 그 후 그 선비는 배우기를 힘썼다.

③ 人生不學이면 如冥冥夜行이니라
　　인생불학　　　여명명야행

〈太公〉

사람이 태어나서 배우지 않으면 어둡고 어두운 밤길을 가는 것과 같다.

〈태공〉

한자풀이
人(인) : 사람. 인간. 인품. 人格(인격)
生(생) : 나다. 태어나다. 生活(생활)
冥(명) : 밤. 어둡다. 冥府(명부)
行(행) : 가다. 걷다. 나아가다. 행하다. 行動(행동)

해설
정글에서 한 아이가 발견되었다. 사람이긴 한데 하는 짓은 동물과 똑 같았다. 무슨 일로 그 아이는 사람의 손이 아니라 원숭이에 의해 길러졌던 것이다. 이 실화는 인간의 성장은 인간 문화 속에서 배우고 자라야 한다는 것을 증명해 준 일이었다. 배우기를 힘쓰는 자만이 성공할 수 있다.

예화

학자들의 어린 시절을 보면, 부모의 영향을 크게 받는다. 조선 성종 때의 학자 정여창에게는 어머니의 훈시가 길잡이가 되었다. 그는 놀기를 좋아하고 술을 좋아해 학문과는 거리를 두고 살았다. 두주불사하는 그의 주량은 감히 따를 자가 없었다.

늘 술에 취해 살던 그가 그날도 친구와 마시다가 대취했다. 집에 돌아간다고 했지만 의식불명으로 곯아 떨어져 어느 땅바닥에 쓰러졌다. 깨어나 보니 인가도 없는 벌판이었다. 들판에서 하룻밤을 정신없이 잤던 것이다.

집에 돌아온 그의 몰골을 보고 어머니는 가슴이 아팠다.

"네 몰골이 말이 아니다. 이래서야 되겠는가? 일찍 네 아버지가 돌아가셨는데 내가 의지할 데라고는 누구겠는가? 네가 배우지 않고 살아간다는 것은 어두운 밤길을 걷는 것과 같다."

어머니의 호통에 정신이 버쩍 들었다. 배우지 않는 것은 밤길을 가는 것과 같다는 말이 그의 가슴을 쳤다. 그는 그 길로 마음을 다져 먹고 학문에 뜻을 두기로 했다. 뒤늦은 변화였다. 열심히 공부해 김종직의 문하생으로 들어갔다.

그뒤 지리산으로 들어가 성리학의 이치를 깊이 연구하고 성리학의 뛰어난 학자로 이름을 떨치게 되었던 것이다.

④ 人不通古今이면 馬牛而襟裾니라
　인불통고금　　　마우이금거

〈韓文公〉

사람이 고금의 일에 통하지 않으면, 말과 소에 옷을 입힌 것과 같다.

〈한문공〉

한자풀이

古(고) : 옛. 오래다
今(금) : 이제. 이. 이에
通(통) : 통하다. 꿰뚫다. 왕래하다. 通行(통행)
襟(금) : 옷깃. 가슴. 생각

해설

옛것을 배우는 이유는 세상의 이치를 그 속에 밝혀 놓았기 때문이다. 더구나 성인들의 가르침은 인간으로서 나아가야 할 길을 밝혀 놓았기 때문에 마땅히 배워야 하는 것이다. 옛것을 알고 새것을 배우는데 힘써야한다.

출처: 한문공(韓文公, 768~824)

중국 당나라 때의 문장가이다. 문공(文公)은 시호. 당송팔대가(唐宋八大家)의 제일인자로 창려선생집(昌黎先生集) 50권을 저술했다.

예화

절 근처 마을에 도둑떼가 극성이었다. 어떤 스님은 도둑들을 쫓는 특이한 태도를 보였다. 산 위에 올라가,

"들거라, 도둑들아. 세상의 재물이라는 것은 사람의 것이 아니다. 잠시 맡아 두는 것 뿐이다. 무슨 일로 남의 것을 빼앗느냐!"

이 소리를 듣고 도둑들은 스님을 찾아가 협박했다.

"부처의 진리가 있다면 어디 이 눈앞에 보여 봐라!"

스님은 눈 하나 까딱하지 않고 한 마디 말만 했다.

"중생의 가슴 속에 있는 거다."

"가슴 속에 불법이 있다고? 스님의 가슴을 칼로 째보면 볼 수 있을 것이다."

칼끝이 가슴으로 바싹 다가오는 것을 보고도 스님은 동요하지 않고 "비단실이 누에 입에서 나오는데 누에의 입을 자른다고 해서 그 안에서 비단실을 볼 수 있다고 생각하는가?"

도둑들은 처음에 그게 무슨 소리인지 알 수 없었다.

도둑이라 해도 자신들이 배우지 않고는 말과 소밖에 되지 않는다는 것을 깨달았다.

그들은 배운 게 도둑질밖에 없었던 것이다. 그들은 모두 칼을 놓고 무릎을 꿇고 용서를 구했다.

⑤ 家若貧이라도 不可因貧而廢學이오
　　가약빈　　　　불가인빈이폐학
　家若富라도 不可恃富而怠學이니
　　가약부　　　　불가시부이태학
　貧若勤學이면 可以立身이요
　　빈약근학　　　가이입신
　富若勤學이면 名乃光榮이니라
　　부약근학　　　명내광영

〈朱文公〉

집안이 가난하더라도 가난으로 인해서 학문을 그만 두어서는 안 되고, 집안이 부유하더라도 학문을 게을리 해서는 안 된다. 가난하면서 부지런히 배운다면 입신출세할 것이요, 부유하면서 부지런히 배우면 그 이름에 빛나는 영예가 있을 것이다.

〈주문공〉

한자풀이
廢(폐) : 폐하다. 그만두다. 부서지다. 廢止(폐지)
怠(태) : 게으르다. 위태하다. 懶怠(나태)
勤(근) : 부지런하다.
乃(내) : 이에. 너. 접때

해설
사람이 뜻을 세우지 않고 목적도 정하지 않았다면 방종과 나태의 인간이 되고 만다. 길을 나서면 이르러야 할 도착점이 있다. 하물며 인생에도 길이 있는 것이다. 그 길이 눈에 보이지 않을 뿐, 인생에도 걸어야 할 길이 있다.

예화

동진(東晉) 때에 있었던 이야기이다.

"차윤(車胤)아, 어서 자거라."

어머니는 그렇게 말하고 등불을 껐다. 집안이 가난해 등불조차 마음껏 켤 수 없음을 소년 차윤은 이미 알고 있었다. 한밤중에 일어났다. 캄캄한 들판에 나가 반디를 수십 마리 잡았다.

그것들을 명주로 된 주머니에 넣으니 제법 밝은 빛이 쏟아져 나왔다.

차윤은 그 불빛에서 열심히 글을 읽고 공부해 상서랑의 직위까지 올랐다.

차윤과 같은 시대에 손강(孫康)이라는 소년이 살았다.

"넌 내게 고마운 아들이다. 나쁜 아이들과 놀 수도 있을 터인데 넌 그런 애들과 휩쓸리지 않으니 말이다."

어머니의 이러한 칭찬을 들으며 손강은 정말 열심히 공부했다. 역시 가난해 등불기름을 살 돈조차 없었다. 그래도 잠시라도 손에서 책을 놓지 않았다.

겨울이 와 등불을 켤 수 없는 밤이면 창문에 기대어 책을 읽었다. 쌓인 하얀 눈밭 위에 달빛이 반사되어 들어왔던 것이다. 그 빛으로 글을 읽으며 열심히 공부했다. 그리하여 어사대부라는 높은 벼슬에 오를 수 있었다.

⑥ 學者는 如禾如稻하고 不學者는 如蒿如草로다
　학자　　여화여도　　　　불학자　　여호여초

〈徽宗皇帝〉

배운 사람은 알곡을 지닌 곡식과 같지만, 배우지 못한 사람은 말라버린 잡초와 같다.

〈휘종황제〉

한자풀이

禾(화) : 벼. 곡물. 禾穎(화영)
稻(도) : 벼. 도정. 稻芒(도망)
蒿(호) : 마르다. 말라 죽다.
如(여) : 같다. 같게 하다. 따르다. 如反掌(여반장)
草(초) : 풀, 초원(草原), 거친 풀. 잡초. 草木(초목)

해설

잡초는 뽑아져 버려진다. 쓸모없기 때문이다. 쓸모있는 인간이 되려면 곡식과 같은 인간이 되라는 것이다. 곡식은 사람을 이롭게 하는 것과 같이 배운 사람은 세상에서 이로운 존재가 될 수 있다는 것이다. 잘 자라게 해서 열매를 맺기까지 열심과 근면, 인내가 필요한 것이다.

출처: 휘종(徽宗) 황제

중국 북송의 제8대 황제(재위 1100~1125). 금나라와 동맹하여 요나라를 협공하려고 하였으나, 오히려 금나라 군사의 진입을 초래해 북송의 멸망을 가져왔다.

예화

삼국 시대에 오나라의 장수 여몽이 있었다. 그는 관우를 공격해 죽인 장본인이다. 그런 여몽은 집안이 워낙 가난해 젊은 시절 글공부를 못했다. 어느 날 오나라의 창업주인 손권을 만난 자리에서 뜻밖의 말을 듣게 되었다.

"여보게, 여몽 장군. 틈틈이 책을 읽어 학식을 쌓아 두게."

여몽은 그날로 글공부를 시작했다.

피비린내 나는 전쟁터에까지 책을 들고 가 손에서 떼지 않을 정도로 철저했다.

어느 날인가 여몽은 노숙(魯肅)과 토론을 하게 되었다는데, 노숙은 깜짝 놀라 여몽을 추켜세웠다.

"난 그대가 무예에만 뛰어난 줄 알았소이다. 그런데 오늘 보아하니 학식이 풍부하기 그지없소. 이젠 이전의 여몽이 아닐세."

"무릇 선비라고 한다면 헤어졌다가 사흘이 지나서 다시 만났을 때는 뭔가 달라져 있어야겠지요. 눈을 비비고 상대를 봐야(刮目相對 : 괄목상대)하는 법이오."

⑦ 勿謂今日不學而有來日하며
　물위금일불학이유래일
勿謂今年不學而有來年하라
　물위금년불학이유래년
日月逝矣라 歲不我延이니
　일월서의　　세불아연
嗚呼老矣라 是誰之愆고
　오호노의　　시수지건

〈朱子〉

오늘 배우지 않고서 내일이 있다고 말하지 말며,
올해 배우지 않고서 내년이 있다고 말하지 말라.
해와 달은 가며 세월은 나를 기다려 주는 것이 아니니,
오호, 늙었구나. 이것이 누구의 잘못인가?

〈주자〉

한자풀이
謂(위) : 이르다. 알리다.
逝(서) : 가다. 떠나다. 죽다. 逝去(서거)
延(연) : 늘어나다. 인도하다. 延長(연장)
愆(건) : 허물. 죄. 잘못하다.

해설
봄에 곡식을 심고 가꾸었기 때문에 가을에 추수하고, 사랑으로 대했기에 인정이 흐른다. 내일은 오늘 하기 나름이고, 내년은 올해 하기 나름이다. 이렇게 흘러가는 시간속에서 사람은 성장해서 어른이 되지만, 이윽고 늙어서 활동할 수 없게 된다.

예화

후한 말기와 위(魏)나라 초기에 걸친 시대는 아주 험난한 때였다. 이러한 때를 살아간 지식인 중에 동우(董遇)라는 인물이 있었다. 그는 어려서부터 손에서 책을 떼지 않고 열심히 독학을 했다. 그는 시중(侍中), 대사농(大司農)까지 오른 사람으로서 그의 학문도 유명했다.

그런 그에게 입문하겠다는 사람이 찾아 왔으나 자신의 문하에 두기를 거절했다.

"나에게 배우기보다 이렇게 해 보게. 자네 자신이 한 권의 책을 되풀이해서 읽는 것이 바람직한 것일세. 한 1백번쯤 읽다 보면 뜻이 저절로 이해될 테니 말이오(讀書百遍義自見 : 독서백편의자현)." 이러한 동우의 권유에 방문자는 수긍하지 못했다.

"그럴 틈이 없습니다. 속히 알고 싶은 것입니다."

"시간은 충분히 있네. 사람에게는 세 가지의 남은 시간이 있다는 것일세."

"겨울은 한 해의 나머지 시간이니 책을 볼 시간이 있습니다. 밤은 한 날의 나머지 시간이니 역시 책을 볼 시간이 있습니다. 그리고 비 오는 날은 때의 나머지 시간이라 할 수 있으니 이 또한 책을 볼 시간이 있는 것입니다." 방문객은 더 이상 동주에게 입문하겠다는 뜻을 조르지 않고 돌아갔다.

學而時習(근학편)

1. 子曰 博學而篤志하고 切問而近思면 仁在其中矣니라. 여가에서 切問이란 무엇인가?

2. (   )曰 人之不學은 如登天而無術하고 學而智遠이면 如披祥雲而覩靑天하고 登高山而望四海니라.

3. "人生不學이면 如冥冥夜行이니라." 란 누구의 말인가?

4. 韓文公이 曰『人不通古今이면 (   )而襟裾니라』에서 (   )는?

5. 勸學編에, 『朱子曰 勿謂今日不學而有來日하며 勿謂今年不學而有來年하라 日月逝矣라 歲不我延이니 嗚呼老矣라 是誰之愆인고?』.건(愆: 허물) 대신으로 다른 글자를 쓴다면 맞지 않은 것은?
   ① 구(咎)   ② 과(過)   ③ 장(臧)   ④ 착(錯)

----

1. 간절히 물음, 2. 莊子 3. 太公 4. 마우(馬牛) 5. ③, ①의 구(咎)와 ②의 과(過)는 허물, ④의 착(錯)은 잘못함(착오)의 뜻임.

10. 훈자편(訓子篇)

자식을 바르게 가르치는 글

자식에게 왜 가르쳐야 하며, 바르게 가르치는 길과
훌륭한 자녀로 가르치기 위한 여러 조언을 담고 있다.
바른 인간이 되게 하기 위해서는 부모의 가르침이 중요하다.

① 賓客不來면 門戶俗하고 詩書無敎면 子孫愚니라
　빈객불래 문호속　　　시서무교 자손우

〈景行錄〉

손님이 오지 않으면 집안이 저속해지고,
시(詩)와 서(書)를 가르치지 않으면 자손이 어리석어진다.
〈경행록〉

한자풀이
賓(빈) : 손. 손님으로 묵다. 貴賓(귀빈)
戶(호) : 지게. 굴. 구멍. 門戶(문호)
俗(속) : 풍속. 속되다. 俗物(속물)
敎(교) : 가르치다. 하여금 敎師(교사)
孫(손) : 손자. 자손. 후손. 새싹. 孫子(손자)

해설
사람이 찾아와 늘 신발이 쌓여 있는 집은 활기가 있고, 사람 사는 생명력이 넘쳐난다. 권력과 명예가 떨어지면 찾아오지 않는다. 인간미가 없는 집이다. 시와 서는 바로 그 인간미를 길러주는 핵심인 것이다.

예화

정일당 강씨는 여류시인으로 사회에 뛰어난 여성이었다. 강희맹의 후손이기도 한 그녀는 빈객 접대에 충실했다. 하루는 손님이 집에 묵고 간 다음날 아침이었다.

강씨는 병중에 있었다. 손님에게 넉넉히 대접하지 못했다고 생각한 강씨는 남편에게 다음과 같은 글을 써서 주었다.

"손님이 가실 때 어찌하여 만류하지 않으셨는지요? 보통의 사람도 그렇게 하지 않는데, 어진 사람이라 일컬음을 받는 당신이 그렇게 하실 수 있습니까? 아마도 제가 병환 중에 있다 하여 수고를 끼칠까 봐 그리하신 줄로 생각하고 싶습니다. 병세야 어제보다 나아졌고, 항아리에도 한 되 나 되는 쌀이 있지 않습니까?"

남편을 헤아리는 문구였다.

"저는 일개 아녀자입니다. 그런 노고를 생각하여 집안의 법도를 무너뜨려도 괜찮으신지요? 빈객의 접대는 조상을 받드는 일과도 같다고 했습니다. 집안의 큰 일로 여기고 소홀히 해서는 안 된다고 경계하고 있습니다."

남편은 아내의 글을 읽고 그 생각과 마음 씀씀이에 경탄하지 않을 수 없었다. 대접이 신통치 않은 집에 손님이 찾아올 턱이 없기 때문이다.

② 事雖小나 不作이면 不成이오
　　사수소　　　부작　　　　불성
　子雖賢이나 不敎면 不明이니라
　　자수현　　　　불교　　불명

〈莊子〉

일이 비록 작더라도 하지 않으면 이루어지지 않고,
자식이 비록 현명하더라도
가르치지 않으면 밝아지지 않는다.

〈장자〉

한자풀이
事(사) : 일. 전념하다. 事物(사물)
雖(수) : 비록. 그러나. ~라 할지라도
作(작) : 짓다. 일으키다. 作定(작정)
明(명) : 밝다. 밝히다. 밝게. 환하게. 明晳(명석)

해설
"구슬이 서 말이라도 꿰어야 보배"라는 말은 그 꿰는 일을 함으로써 구슬이 보배다워진다는 것이다. 다이아몬드도 처음에는 한 개의 돌에 불과하다. 그것을 갈고 닦아서 빛을 내게 했을 때 비로소 보석으로서의 가치를 드러낸다. 사람을 보배로운 존재가 되게 하려면 가르쳐야 한다.

예화

타지에 나가 공부하던 10살의 석봉이었다. 어머니가 너무도 보고 싶어 도중에 집으로 오고 말았다. 집에 도착했을 때는 밤이었다. 그 시간에도 어머니는 떡을 썰고 있었다. 아들을 맞이한 어머니의 안색은 밝지 않았다.

아들은 갑자기 집에 돌아온 것을 변명하고 있지만 내키지 않는 소리로 들렸다.

"그래, 얼마큼 공부를 했기에 이렇게 돌아왔느냐?"

"할 만큼 했다고 생각합니다."

"네 공부가 어느 정도 이르렀는지 보여 줄 수 있느냐?"

"네, 그렇게 하지요."

"등불을 끄고 나는 떡을 썰겠다. 너는 글씨를 써 보아라."

이윽고 어둠 속에서 떡 썰리는 소리와 붓이 글자를 이루는 소리만 들려왔다. 등불이 다시 켜졌다.

썰린 떡과 써진 붓글씨는 서로 완연히 달랐다. 아들은 머리를 긁적거렸다.

"냉큼 돌아가거라."

어머니의 떡은 일정한 크기로 반듯하게 썰렸지만, 석봉의 글씨는 획이 컸다 작았다 볼품없었다.

"다시 말하지만 성공할 때까지 이 어미를 찾지 말아라."

누구도 따를 수 없는 명필가가 된 한석봉은 나라의 주요 문서를 책임지고 작성하는 벼슬에 올라 어머니의 은혜에 보답을 했던 것이다.

③ 黃金滿籯이 不如敎子一經이요
　　황금만영　　　불여교자일경

　賜子千金이 不如敎子一藝니라
　　사자천금　　　불여교자일예

〈漢書〉

황금이 궤짝에 가득 차 있더라도
자식에게 경서(經書) 한 권을 가르침만 못하고
자식에게 천금을 물려주더라도
자식에게 한 가지 재주를 가르침만 같지 못하다.

〈한서〉

한자풀이
黃(황) : 누르다. 누른 빛. 黃金(황금)
經(경) : 날 줄. 길. 경서. 經營(경영)
賜(사) : 주다. 하사하다. 은덕
藝(예) : 심다. 기예. 藝術(예술)

해설
부잣집에서 망나니가 나오면, 부모가 어떻게 가르쳤기에 그 모양이냐 하며 손가락질한다. 남녀가 짝을 이룰 때 그 가정환경을 보는 것은 부모를 알면 그 사람을 어느정도 알 수 있기 때문이다.

출처: 漢書(한서)

후한의 반고가 편찬한 전한(前漢)의 역사서. 120권으로 되어 있다. 한 고조에서 왕망(王莽)까지의 229년간의 역사를 다뤘다.

예화

김학성이라는 사람은 일찍 아버지를 여의었다. 집안 형편 또한 어려웠고, 홀어머니가 품을 팔아 아들 학성이를 서당에 보냈다.

비가 오는 날이었다. 뒤뜰에서 일을 하던 어머니는 처마끝의 낙수물이 땅에 떨어지며 이상한 소리를 냈다. 커다란 금덩어리가 그 곳에 들어 있었던 것이다.

그런 순간 어머니는 땅을 깊숙이 파서 쇠항아리를 묻어버렸다. 그런 얼마 뒤 아예 이사까지 해 버렸다.

세월이 흘러 학성과 그의 동생 모두 과거에 급제했다. 어머니의 보람은 컸다. 두 아들이 다 벼슬에 올랐으니 지난 날의 고생이 꿈만 같았다. 아버지의 제삿날이 왔다.

학성의 어머니는 그 동안 가슴에 묻어 두었던 지난 일을 꺼냈다.

"저희가 그 금덩어리로 편하게 잘 살 수 있었을 거 아녜요. 그럼, 공부도 덜 했을 거구요."

'지난 날 그렇게 하기를 잘했지.' 어머니는 황금을 물려주기보다 자식으로 하여금 공부할 수 있도록 하게 한 자신에 대해 흡족해 하며 내심 미소를 짓고 있었다.

④ 至樂은 莫如讀書요 至要는 莫如敎子니라
　　지락　　막여독서　　　지요　　　막여교자

〈漢書〉

지극한 즐거움은 독서만한 것이 없고,
지극히 중요한 것은 자식을 가르치는 것만한 것이 없다.

〈한서〉

> **한자풀이**
> 至(지) : 이르다. 미치다. 닿다. 至急(지급)
> 莫(막) : 없다. 저물다. 말다. 莫論(막론)
> 讀(독) : 읽다. 해독하다. 설명하다. 讀書(독서)
> 要(요) : 구하다. 원하다. 요구하다. 要請(요청)
> 敎(교) : 가르침. 하여금. 敎育(교육)
>
> **해설**
> 하루에 한번이라도 독서를 하지 않으면 입안에 거미줄이 쳐지는 것과 같다. 오락이나 유흥의 즐거움은 그 순간의 찰나지만, 독서가 일깨워주는 즐거움은 영원한 것이다. 배우지 않는다면 바른 인생을 살아가기 힘들다. 그러므로 진정한 즐거움을 책에서 찾는 사람이 되어야 한다.

예화

맹자가 어머니와 함께 살던 집은 본래 공동묘지 근처였다. 일찍 아버지를 잃은 맹자는 아이들과 뛰어 놀면서 장례의 곡소리와 관 묻는 흉내를 아주 잘 냈다. 이런 모습을 본 어머니는 이사를 했지만 그곳이 시장을 이웃하고 있어서 장사치 흉내를 내는 게 아닌가! 다음으로 옮겨간 곳이 서당 근처였다. 어머니는 비로소 마음을 놓게 되었다.

맹모삼천지교(孟母三遷之敎)로 널리 알려진 이 이야기는 그 후일담이 백미를 이룬다. 소년 시절 맹자는 유학을 갔다가 중간에 돌아온 일이 있었다. 어머니는 베를 짜고 있다가 아들을 맞았다. 어머니는 얼굴에 그늘을 드리우며 물었다.

"네 공부가 어느 정도 나아졌느냐?"

"그대로입니다."

어머니는 앉은 자리에서 칼을 들어 베를 끊어 버렸다.

"왜 베를 끊었겠느냐? 네가 공부를 그만두는 것도 이런 것과 같지 않겠느냐? 군자는 학문에 힘쓰고, 모르는 것은 물어 지식을 넓혀야 하는 법이다. 그래야 몸과 마음이 편안해질 수 있다. 여자가 생업을 그만두거나 남자가 덕을 쌓다가 타락하면 도둑이 되거나 남의 심부름하는 종밖에 달리 될 게 없다!"

어머니가 베를 끊으면서 보여준 단기지교(斷機之敎)에 크게 충격을 받은 맹자가 그 이후 몸과 마음을 어떻게 했는가는 짐작이 간다.

⑤ 內無賢父兄하고 外無嚴師友하며
　내무현부형　　　외무엄사우
而能有成者는 鮮矣니라
　이능유성자　　선의

〈呂榮公〉

안으로 현명한 부형이 없고,
밖으로 엄한 스승과 친구가 없이도
능히 성공한 사람은 드물다.

〈여영공〉

한자풀이
內(내) : 안. 들이다. 어머니 內室(내실)
兄(형) : 맏이. 형. 兄弟(형제)
能(능) : 능하다. 잘하다. 能力(능력)
師(사) : 스승. 선생. 師父(사부)
鮮(선) : 곱다. 드물다.

해설
모든 성공자 한 사람의 뒤를 보면 거기에는 잊지 못할 가족이 있기 마련이다. 성공사례의 모든 이야기는 그 사람에게 용기를 주고 지혜를 주고 위로한 그 누군가가 있는 것이다. 사람은 결코 혼자서 성공에 이를 수 없다. 그러므로 사람은 좋은 스승을 만나야 한다. 부모도 스승이지만, 학교 선생은 물론이거니와 친구조차도 좋은 친구일 때는 좋은 스승이 되어 준다.

출처: 呂瑩公(여영공)

송나라 학자. 이름은 희철(希哲). 자는 원명(原明). 영공(瑩公)은 시호. 저서에 여씨잡기(呂氏雜記)

예화

조선 인조 때의 정승 홍서봉의 어머니는 엄하고도 현명한 자식 교육으로 이름을 떨친 여성이다. 일찍 남편을 여읜 홍서봉의 어머니는 그 때문에 더욱 엄격한 어머니로 자처해야 했다.

"과부의 자식이라고 홀대를 하는 세상이다. 네가 공부를 하지 않고 놀기만 한다면 그 소리를 더욱 뼈에 사무칠 것이다."

"종아리를 걷어라."

아들을 때리고 나면 회초리에 피가 묻어날 정도였는데, 어머니는 그 회초리를 버리지 않고 잘 간직해 두었다.

그런데 이 엄격한 서봉의 어머니에 대해 사람들이 품은 한 가지 의문이 있었다. 아들을 가르칠 때에 병풍을 가로 쳐놓고 그것을 사이에 두고 앉았다. 얼굴을 대면하지 않고 가르쳤던 것이다.

아들이 똑똑하다는 것을 느낀 기쁨을 얼굴 표정에 보인다면 아들이 어떻게 생각하게 될까? 분명 자신의 잘남을 믿고 자만해질 것이며, 이 때문에 게을러질 것이다. 이 때문에 병풍으로 얼굴을 가리고 글 공부를 시켰던 것이다.

좌의정과 영의정을 다 거친 홍서봉의 뒤에는 이런 어머니의 교육이 있었던 것이다.

⑥ 嚴父는 出孝子하고 嚴母는 出孝女니라
　엄부　　출효자　　　엄모　　출효녀

〈太公〉

엄한 아버지는 효자를 길러내고,
엄한 어머니는 효녀를 길러낸다.

〈태공〉

한자풀이
嚴(엄) : 엄하다. 혹독하다. 嚴肅(엄숙)
出(출) : 나타나다. 내보내다. 出荷(출하)
母(모) : 어미. 할미. 암컷. 母性(모성)
孝(효) : 효도. 孝心(효심)
女(여) : 여자. 딸. 처녀. 女性(여성)

해설
미국의 유명 대학 10곳에서 합격 통지를 받은 한 여학생의 어머니는 어려서부터 치밀한 계획으로 가르쳤다. 혹독한 가르침에 자기 엄마가 계모가 아닌가 싶을 정도였다고 했다.

예화

조선 초기 때 사람인 홍언필은 임금을 잘 받든 신하였다. 그는 아들에 대해 몹시 엄격했다. 아들 홍섬이 벼슬에 나아가 대사헌이 되었다.

홍언필은 자신이 보기에 아들 홍섬이 잘못하는 일이면 가차없이 매를 들었다. 한 나라의 재상이 아버지에게 종아리를 맞다니, 사람들은 그렇게 말할지 모르지만, 홍언필은 자신의 의지를 굽히지 않았다.

대사헌에 오른 홍섬이 입궐하면서 가마를 탔다. 잘못된 것은 없지만 아버지 홍언필의 눈에는 그렇지 않았다. 놉시 노하여 꾸짖기를,

"가마란 누가 타는 것인가? 나이도 많고 지위가 높은 사람이라야 탈 수 있는 것이다."

아버지는 아들이 가마를 타서는 안 된다고 본 것이다. 이번에는 매를 들지 않고 가마에 둘둘 말아서 뜰에 있게 했다. 누구 하나 말릴 엄두도 내지 못했다. 한 나라의 재상이 이런 벌을 아버지에게 받고 있다니!

임금도 그 사실을 알았다. 임금이나 일반 백성도 겉으로는,

"대사헌이라면 나라의 재상인데 너무 하지 않는가!"

말하지만 내심 엄격한 아버지에 대해 감탄해 마지않았다.

홍섬은 나랏일을 그릇되게 하거나, 부정한 일을 하지 않을 수 있었던 것도 그런 아버지를 두었기 때문이다.

⑦ 憐兒어든 多與棒하고 憎兒어든 多與食하라
　　연아　　　다여봉　　　증아　　　다여식

〈太公〉

아이를 사랑하면 매를 많이 때리고,
아이를 미워하면 밥을 많이 주라.

〈태공〉

> **한자풀이**
> 憐(연) : 가엾게 생각하다. 사랑하다. 憐愍(연민)
> 棒(봉) : 막대기. 몽둥이로 때리다. 棍棒(곤봉)
> 憎(증) : 미워하다. 미움. 憎惡(증오)
> 與(여) : 주다. 베풀다. 무리. 與否(여부)
> 食(식) : 밥. 먹을거리. 먹다. 食事(식사)
>
> **해설**
> 교사가 학생에게 매를 들었다고 학부형이 항의를 하는 일이 종종 기사로 등장한다. 진정 '사랑의 매'였다면 그 매는 학생에게 소중한 약과도 같을 것이다. 오늘날 인권이니 뭐니 해서 사랑의 매가 줄어들고 있다. 인권은 중요한 것이지만, 잘못된 인권은 세상을 흐리게 할 뿐이다.

예화

당나라가 멸망했다. 때는 10세기 전반이었다. 이 혼란한 틈을 타고 지방 절도사들은 암암리에 독자적으로 세력을 키워 나갔다. 형남(荊南)의 고계흥(高季興)이 당나라 말기에 형남절도사가 된 이래, 57년간 (907~963년)에 걸쳐 형주를 통치했는데 바로 그 때의 이야기다.

고계흥에게는 종회라는 아들이 있었다. 종회가 장가를 가서 장손 보융을 낳고, 줄줄이 자식을 낳다가 열 번째로 아들 보욱을 보았다. 그런데 종회의 열 번째 아들인 이 보욱이라는 자가 커서는 음란하기 그지없었다. 그런데 보욱이 이렇게 된 데는 그 아버지 종회의 책임이 크다.

보욱이 어렸을 때였다.

아버지의 빗나간 총애가 아들을 망치고 있었던 것이다. 사람들은 보욱의 그런 모습을 보면서 한숨을 내쉬면서 말하기를 만사휴의(萬事休矣)라고 했던 것이다.

어떻게 해 볼 도리가 없다는 뜻이다. 커서는 난잡한 생활로 살았으니 정말 어떻게 해 볼 도리없는 인간이었다.

종회가 낳은 아들 보융, 그 보융이 낳은 아들 계중에 이르러서 계중은 송나라 태조에게 귀순했던 것이다.

계중은 고계흥의 4대손이었으니까 길어 봐야 57여 년이었다.

學而時習(훈자편)

1. 훈자편이 다루는 내용은?
   ① 자식   ② 아내   ③ 남편   ④ 며느리

2. "賓客不來면 門戶俗하고 詩書無教면 子孫愚니라"와 관계없는 것은?
   ① 손님   ② 벼슬   ③ 겸손   ④ 교육

3. "事雖小나 不作이면 不成이요 子雖賢이나 不教면 不明이니라."는 누가 한 말인가?   ① 孔子   ② 孟子   ③ 莊子   ④ 退溪

4. "至樂은 莫如讀書요 至要는 莫如教子니라."에서 강조하고자 하는 것은?   ① 운동   ② 예능   ③ 재산   ④ 독서

5. "人皆愛珠玉이나 我愛子孫賢이니라." 주인공이 사랑하는 것은?
   ① 비단   ② 보석   ③ 후손의 용모   ④ 후손의 현명함

----

1. ① 2. ② 3. ③ "일이 비록 작더라도 하지 않으면 이루지 못할 것이요. 자식이 비록 어질지라도 가르치지 않으면 현명하지 못하느니라." 4. ④ "지극히 즐거움은 책을 읽는 것만 같음이 없고 지극히 필요한 것은 자식을 가르치는 것만 같음이 없느니라." 5. ④ "남은 모두 귀중한 주옥을 사랑하지만, 나는 자손 어진 것을 사랑하느니라."

11. 성심편(省心篇)

자기 마음을 살피는 것에 관한 글

마음을 살핀다는 것은 반성을 바탕으로 하고 있다.
마음을 살피는 사람이 언행을 바로 가질 수 있고,
인격적인 삶을 살 수 있음을 가르치고 있다.

① 旣取非常樂이어든 須防不測憂니라
　기취비상락　　　　수방불측우

〈景行綠〉

이미 보통이 아닌 즐거움을 가졌으면
모름지기 예측할 수 없는 근심을 방지하라.

〈경행록〉

한자풀이
旣(기) : 이미. 벌써. 원래. 旣存(기존)
取(취) : 취하다. 골라 뽑다. 取得(취득)
須(수) : 모름지기. 마땅히
防(방) : 둑. 막다. 防水(방수)
測(측) : 재다. 헤아리다. 測量(측량)

해설
노는 재미에 도끼자루 썩는 줄 모른다는 말을 상기해 보자. 또 호사다마(好事多魔)라는 말도 생각해 보자. 좋은 것이 있으면 그 뒤에는 나쁜 것이 따르는 게 세상이치다. 즐거움이 극에 달하면 슬퍼지는 법이다.

예화

한무제(漢武帝)는 분하(汾河)에 배를 띄웠다. 황하의 지류인 분하는 가을색을 수면에 드리워 풍취가 있었다. 황제의 좌우로는 군신들이 동석하여 흥겨움이 배안 가득 넘쳐났다.

그러자 강상(江上)의 흥취를 맛보는 가운데 갑자기 한무제의 눈시울이 아련해졌다. 그의 입에서 시 한 수가 흘러나왔다.

"가을바람 일어 흰 구름 날리는 날, 초목은 시들어 떨어져 가고
기러기는 남쪽으로 돌아가려고 울며울며 하늘을 비껴간다.
이런 가을에는 난과 국화만이 피어나 그 자태를 자랑하느니
아무래도 나는 님을 생각하며 잊을 수가 없구나.
오늘 누선을 띄워 분하를 건너다가 강 한가운데 배를 멈추니
흰 물결이 일어나고, 음악이 흐르는 가운데 뱃노래가 흥을 돋운다.
즐거움이 극에 이르면 비애가 따른다(歡樂極 哀情多)고 하더니,
젊음이 얼마나 되겠는가. 곧 늙을 것을 어떻게 한단 말인가."

행복의 절정에 다다랐을 때, 도리어 비애를 느끼게 된다. 왜 즐거움의 마지막은 엉뚱한 감정을 불러일으키는 것일까?

이 시는 마음에 무상함을 느끼고 있기 때문이라고 한다.

즐거움의 극에서 느끼는 비애의 감정을 잘 나타낸 시로 전해 오고 있다.

② 疑人莫用하고 用人勿疑니라
　　의인막용　　　용인물의

〈景行錄〉

사람을 의심하면 쓰지 말고,
사람을 썼으면 의심하지 말라.

〈경행록〉

한자풀이
疑(의) : 의심하다. 괴이하게 여기다. 疑問(의문)
莫(막) : 없다. 저물다. 엷다. 늦다. 莫逆(막역)
用(용) : 쓰다. 등용하다. 用語(용어)
勿(물) : 말다. 아니다. 勿論(물론)

해설
의심에도 좋은 면과 나쁜 면이 있다. 과학적 발견이나 문제 해결의 길잡이고 대상을 의심해 보는 탐구적 방법은 매우 긍정적이다.
가정에서나 직장에서나 친지간에서나 인간관계의 신뢰는 믿음을 바탕으로 한다. 믿음이 없다면 사랑도, 진정한 인간미도 없게 된다.

예화

진승(陳勝)은 진시황의 나라를 멸망으로 이끌어낸 역사의 인물이다.

젊은 날 남의 집 머슴살이를 지내던 때, 하루는 밭갈이를 하다가 엉뚱한 소리를 했다.

"먼 훗날 부귀를 얻게 되면 서로 잊지 말도록 합시다."

주인이 웃었다.

"미친 녀석! 남의 집 머슴살이 주제에 무슨 부귀냐?"

진승은 탄식했다.

"아, 참새나 제비 따위가 어떻게 기러기나 백조의 뜻을 알겠는가?"

세월이 지나 진시황이 죽자, 곳곳에서 반란이 일어났고, 진승과 오광은 함께 그 선봉장이 되었다.

"왕이나 제후, 장군과 재상이라고 뭐 특별한 씨를 가지고 태어난 것은 아니다."

그 유명한 말 '왕후장상의 씨가 따로 없다'를 외치며 봉기군의 앞장에 섰다. 반란이 성공했다. 그가 꿈꾸었던 부귀영화를 거머쥐었다.

하지만 전쟁의 소용돌이 속에서 사람을 의심하고 시기심이 늘어나 신하들의 미움을 샀다. 진승은 피살당해, 그 부귀영화를 누리지 못했다.

③ 飽煖엔 思淫慾하고 飢寒엔 發道心이니라
　포난　　사음욕　　　기한　　발도심

〈景行綠〉

배부르고 따뜻하면 음욕이 생각나고,
배고프고 추워야 도덕심이 일어난다.

〈경행록〉

한자풀이
飽(포) : 배부르다. 싫증이 나다. 飽食(포식)
煖(난) : 따뜻하다. 따뜻하게 하다. 煖房(난방)
思(사) : 생각하다. 마음. 思考(사고)
淫(음) : 음란하다. 어지럽히다. 淫慾(음욕)
發(발) : 쏘다. 가다. 떠나다. 發信(발신)

해설
영화나 소설에 보면 귀족들의 타락한 소재가 많다. 또 반면에 가난한 생활을 하지만 의협심으로 감동을 불러일으키는 드라마가 대칭된다.
사람은 삶의 긴장감이 없으면 그 긴장감을 엉뚱하게도 육체의 본능에서 찾게 되고는 한다. 도덕은 인간을 인간되게 하는 길잡이인 것이다.
물질적 풍요를 바로 사용하지 않으면 인간을 타락으로 빠뜨려, 오히려 인간을 망친다는 것이다.

예화

　어느 날 유비는 유표가 베푼 술좌석에 앉았다가 화장실에 가게 되었다. 자신의 넓적다리가 유난히 눈에 띄었다. 살이 두둑이 붙어 있는 걸 발견하고 탄식을 했다.
　화장실에서 돌아오는 유비의 표정을 보고 유표가,
　"안색이 좋지 않아 보입니다."
　하고 묻자, 유비는 자신의 심정을 털어놓았다.
　"오늘 보니 넓적다리에 살이 가득 붙어 있었습니다. 늘 말을 타고 다닐 때는 그런 살이 붙을 새가 없었지요. 요즘 말을 타지 않으니 이 모양입니다."
　유비 나이 벌써 50, 몸은 늙는데 아무런 공도 세우지 못하고 먹고 편안히 지내는 나날에 나태해져 있던 것이 서글펐던 것이다.
　이 날 이후 유비는 버릇처럼 비육지탄(髀肉之嘆)을 들먹이며 쓸쓸한 나날을 보냈다. 그러나 다시 마음을 다지고 때를 기다리던 유비에게도 기회가 왔다. 적벽 싸움에서 명성을 떨쳤던 것이다. 이 기세를 몰아 양자강 중류의 강릉까지 세력을 뻗어 나갈 수 있었다.
　그곳은 요충지대였다.
　조조가 이 소식을 접하고 얼마나 놀랐던지 들고 있던 붓을 다 떨어뜨렸을 정도였다. 유비는 그 뒤 촉한을 세웠다.

④ 不經一事면 不長一智니라
　　불경일사　　부장일지

〈疏廣〉

한 가지 일을 겪지 않으면 한 가지 지혜가 자라지 않는다.

〈소광〉

한자풀이
一(일) : 하나. 한번. 처음. 一場春夢(일장춘몽)
經(경) : 겪다. 경험하다.
長(장) : 길다. 늘이다. 長壽(장수)
智(지) : 지혜. 꾀. 智略(지략)

해설
'젊어서 고생은 사서라도 한다'라는 말이 있다. 경험의 중요성을 일컫는 말이다. 경험을 한다는 것은 세상의 이치를 알게 하는 지름길이며 지혜롭게 살 수 있는 힘을 얻는 것이나 마찬가지다.
그래서 '백번 듣기보다는 한번 보는 것이 더 낫다'라는 것도 경험철학의 중요성을 이르는 말이다. 지혜의 근원은 경험에 있다는 말이다.

출처: 疏廣(소광)

전한 후기의 유학자이자 관료로, 자는 중옹(仲翁)이며 동해군 난릉현(蘭陵縣) 사람이다. 지절 3년(기원전 67년), 태자태부 병길과 함께 황태자를 가르쳤다. 태자태부가 되었다.

예화

한나라 선제(宣帝) 때, 변방 유목민족인 강(羌)족이 난을 일으킨 일이 있었다. 지금의 티베트 계통 족속인 이들을 토벌하려고 했지만 여의치 않았다. 선제는 염려되었다. 이 때에 그 평정을 스스로 맡고 나선 인물이 조충국(趙充國) 장군이었다.

지난날 무제 때 흉노족 토벌에 참가해 혁혁한 공을 세운 사람이었다.

그는 이미 나이가 70이 넘어 있었다. 조충국이 선제 앞에 섰다. 선제는 조충국이 용맹한 장군이며 지모와 병법에 뛰어난 인물임을 알고 있었다.

"강족을 평정하려는 그대는 어떤 전략을 쓸 것인지 궁금하오. 또 병력은 얼마나 필요한지 말해 보오."

"백 번 듣는 것은 한번 보는 것만 못합니다(百聞不如一見). 전쟁을 수행하는 일이란 현지 사정을 살피지 않고서는 방책을 세우기 어렵습니다. 그렇기에 속히 떠나게 해 주시면, 그곳 실정을 살펴 대책을 세워 말씀 드리겠습니다. 폐하께서는 노신을 믿고 일임해 주십시오."

선제는 승낙했고, 현지에 달려간 조충국은 둔전책(屯田策)을 써서 1년 남짓 걸쳐 강의 반란을 평정했다.

⑤ 有福莫享盡하라 福盡身貧窮이요
　　유복막향진　　　복진신빈궁
　有勢莫使盡하라 勢盡寃相逢이니라
　　유세막사진　　　세진원상봉
　福兮常自惜하고 勢兮常自恭하라
　　복혜상자석　　　세혜상자공
　人生驕與侈는 有始多無終이니라
　　인생교여치　　　유시다무종

〈擊壤詩〉

복이 있어도 다 쓰지 말라. 복이 다하면 몸이 빈궁해진다. 권세가 있어도 다 부리지 말라. 권세가 다하면 원수와 서로 만난다. 복이 있거든 항상 스스로 아끼고 세력이 있거든 항상 스스로 공경하라. 인생에 있어서 교만과 사치는 시작은 있으나 끝이 없는 경우가 많다.

〈격양시〉

한자풀이
享(향) : 누리다. 드리다. 享受(향수)
惜(석) : 아끼다. 아깝다. 惜別(석별)
侈(치) : 사치하다. 분수에 넘다. 奢侈(사치)

해설
식사 때에 배부르게 먹지 말고 조금 배고픈 듯 할 때 수저를 놓으라고 한다. 즉 100%가 아닌 80% 정도가 좋다는 것이다. 이 이치를 세상을 살아가는데 적용하여 매사에 지나침을 경계한다면 좋은 삶을 살 수 있다는 것이다.

출처: 격양시(擊壤詩)

송나라 강절(康節) 소옹(邵雍)의 시이다. 그의 저서 《伊川擊壤集(이천격양집)》〈20권〉에 들어 있는데, 그 스스로 농사를 지으면서 지은 시를 말한다.

예화

초나라의 호구(狐丘)에서였다.

"세 가지 원망의 대상이 사람들에게 있습니다. 그걸 아시는지 묻고 싶습니다."

손숙오(孫叔敖) 앞에 한 노인이 앉아 이렇게 말하고 있었다.

"직위가 높아지면 사람들은 그를 투기합니다. 벼슬이 높은 사람을 임금이 미워하고, 나라에서 녹을 많이 받는 사람 또한 세상 사람의 원망을 듣지 않습니까?"

"그렇다면 직위가 올라간다 해도 뜻을 낮추고, 벼슬이 높아진다 해도 마음을 작게 하며, 녹이 많아진다 해도 넓게 베푼다면 이 세 가지 원망에서 자유로울 수 있지 않겠습니까?"

이런 대화가 있고 세월이 흘렀다. 손숙오가 병석에 누워 자신의 명이 다함을 알자 아들을 불러 훈계했다. 내 죽은 뒤 임금께서 네게 땅을 봉해 줄 터인데 절대로 이로운 땅은 받지 말라. 받겠다면 초나라와 월나라 사이의 침구(寢丘)라는 지방이 있는데 이곳이라면 오래도록 차지할 수 있는 곳이다."

손숙오가 죽자 과연 임금은 손숙오를 기려 기름지고 아름다운 땅을 그의 아들에게 내렸다. 하지만 아들은 아버지의 말을 기억하고 그 땅을 사양한 뒤, 침구 지방을 받아 대대손손 그곳에서 살 수 있었다.

⑥ 黃金千兩이 未爲貴요 得人一語가 勝千金이니라
　　황금천량　　미위귀　　득인일어　　승천금

〈王參政 四留銘〉

황금 천 냥이 귀한 것이 아니라
남의 한 마디 말을 듣는 것이 천금보다 낫다.

〈왕참정 사류명〉

한자풀이
黃(황) : 누르다. 누른 빛. 黃色(황색)
未(미) : 아니다. 아니하다. 未詳(미상)
得(득) : 얻다. 이득. 得失(득실)
語(어) : 말씀. 말. 담화하다. 語學(어학)
勝(승) : 이기다. 낫다.

해설
사람을 잘 사귀는 가장 좋은 방법으로 상대방의 말에 귀 기울여 주라는 것이 있다. 자기주장과 의견을 말하기는 좋아하지만 상대의 말을 성의껏 들으려하지 않는 경향이 인간에게는 많다. 남의 한 마디 말을 천금처럼 귀히 듣는 것은 상대의 인격을 존중하는 일인 것이다.

출처: 왕참정 사류명(王參政 四留銘)

왕참정은 북송시대의 정치가로 본명은 왕단(王므)이다. 사류명이란 네 가지를 다 쓰지 말고 남겨 놓았다가 돌려주라는 것을 명심하라는 내용이다. 네가지란 재즈, 봉록, 재물, 복이다.

예화

초나라 문왕이 신(申) 땅을 빼앗으려고 마음먹었다. 신을 침공하려면 이웃 등(鄧)나라를 거쳐 가야 했다. 등나라의 기후는 문왕을 극진히 대접했다. 이를 보고 기후의 조카들이 반대하고 나섰다.

조카들은 거듭 진언을 했다.

"오히려 문왕이 등나라를 치게 될 것입니다. 그 날이 멀지 않습니다. 지금 그를 없애지 않는다면 나중에는 배꼽을 물려고 해도 입이 미치지 않는 경우를 당하게 됩니다."

기후는 단호히 거절했다.

"내가 조카를 죽인다면 어떻게 될 것인가? 사람들이 나를 상대하지 않을 것이다."

조카들은 거듭,

"저희의 말을 듣지 않으시면 등나라 사직이 위태롭게 됩니다."

주장한 대로 되고 말았다.

10년 뒤, 초나라 문왕은 등나라를 쳤고, 멸망시켰다.

역사는 누구의 말을 들었어야 옳았을까?

⑦ 人義는 盡從貧處斷이요 世情은 便向有錢家니라
　인의　　진종빈처단　　　　세정　　변향유전가

〈王參政 四留銘〉

사람의 의리는 모두 가난 때문에 끊어지고,
세상의 정리는 곧 돈 있는 집으로 향한다.

〈왕참정 사류명〉

한자풀이
從(종) : 좇다. 나아가다
斷(단) : 끊다. 가르다. 斷水(단수)
便(변) : 문득. 소식. 곧. 오줌. 便所(변소)
錢(전) : 돈. 가래. 錢主(전주)
家(가) : 집. 지아비. 家長(가장)

해설
권력가의 집 앞은 문전성시(門前成市)를 이룬다. 가난하면 대개 사람들이 멸시를 하고, 그런 관계에서 의리와 정이 두터워질 리 없다.
학창 때 절친했던 친구였지만, 훗날 사회에서의 신분과 귀천이 달라지면서 그 의리도 끊어지는 일을 흔히 주위에서 볼 수 있다.

예화

한나라 무제 때의 일화이다.

급암과 정당시는 당시의 고급관리였다. 두 사람에게는 공통점이 있었는데, 의리를 소중히 여기고 찾아오는 손님을 잘 대접하였다. 그런데 두 사람 다 벼슬에 오르고 내림이 심했다. 그들이 벼슬에서 물러나자 찾아오던 그 많던 사람들의 발길을 끊어졌다. 이런 세태를 두고 사마천은 다음과 같이 평했다.

적공(翟公)도 벼슬에 있을 때 찾아오던 사람이 많더니만, 벼슬에서 떠나자 손님들이 뚝 끊겼다. 그래서 문 앞에는 참새 떼가 모여들어 새 잡는 그물을 칠 정도였다(門前雀羅).

다시 적공이 벼슬에 오르자 전처럼 손님들이 모여들었다. 적공은 이런 인간세태를 보고 집 문에다가 다음과 같은 글을 써 붙여 놓았다.

'한번 죽고 한번 사는데서 서로 사귐의 정을 알고
한번 가난하고 한번 부자가 되는 데서
서로의 사귐의 실태를 아는 것이다.
한번 귀하고 한번 천하게 되는 데서
서로 사귐의 정이 나타난다.
참으로 이 얼마나 슬픈 일인가!'"

⑧ 天不生無祿之人하고 地不長無名之草니라
　　천불생무록지인　　　　지부장무명지초

〈荀子〉

하늘은 먹을 것 없는 사람을 내지 않고,
땅은 이름 없는 풀을 기르지 않는다.

〈순자〉

> **한자풀이**
> 生(생) : 나다. 살아있다. 生産(생산)
> 祿(록) : 복. 녹봉. 國祿(국록)
> 名(명) : 이름. 명칭. 名聲(명성)
> 之(지) : 가다. 이(지시대명사).
> 草(초) : 풀. 잡초. 草木(초목)
>
> **해설**
> 사람은 태어날 때 다 각기 제가 먹을 것을 갖고 태어난다고 한다. 저 하찮게 보이는 지렁이도 알고 보면 땅을 비옥하게 하는 미물로서 없어서는 안 된다. 그렇기에 각기 인간은 그가 살아갈 재능을 갖고 태어나는데 그것을 발견하고 활용하는 일은 각자 자신의 몫이다.

출처: 荀子(순자)

성은 순(荀), 조(趙)나라 사람으로 이름은 황(況)이다. 추후 난릉(蘭陵 : 山東省)의 수령이 되었다. 춘신군이 암살되자(BC 238), 벼슬 자리에서 물러나 그 고장에서 문인교육과 저술에 전념하며 여생을 마쳤다.

예화

조선 중종 14년. 보수세력과 신진세력과의 끔찍한 암투로 개혁의 신진세력이 모반의 누명을 쓰고 죽거나 귀향을 가게 된 일이 있다. 조광조, 김안국 등이 개혁세력의 인물들이었는데 특히 김안국은 그 성품이 참 반듯했다. 그가 벼슬을 잃고 고향 여흥으로 돌아갔다.

그의 생활은 검소했고, 무엇 하나 함부로 허비하지 않았다. 곡식을 거둬들이는 일에서도 땅바닥에 쌀 한 톨 떨어뜨리는 일이 없었다.

그의 곡식에 대한 철저한 애정은 그가 한 다음과 같은 말에 나타나 있다.

"하늘이 낸 사물에 쓸모없는 것은 없다. 그러니 함부로 없애거나 낭비하는 것은 옳지 못하다."

세상의 하찮은 풀포기 하나에도 그 쓰임이 있으므로 사람은 애정을 갖고 대해야 한다고 했던 것이다.

⑨ 欲知其君인대 先視其臣하고
　욕지기군　　　선시기신
　欲識其人인대 先視其友하고
　욕식기인　　　선시기우
　欲知其父인대 先視其子하라
　욕지기부　　　선시기자
　君聖臣忠하고 父慈子孝니라
　군성신충　　　부자자효

〈王良〉

그 임금을 알고자 하면 먼저 그 신하를 보고,
그 사람됨을 알고자 하면 먼저 그 친구를 보고,
그 아버지를 알고자 하면 먼저 그 아들을 보라.
임금이 거룩하면 신하가 충성스럽고
아버지가 자애로우면 자식이 효도한다.

〈왕량〉

한자풀이
視(시) : 보다. 자세히 살피다. 視線(시선)
識(식) : 알다. 명확히 하다. 識見(식견)
慈(자) : 사랑하다. 慈愛(자애)

해설
배우자를 선택할 때 그 가정을 보면 알 수 있다. 어떤 친구를 사귀고 있는가를 알면 그 사람이 어떤 사람인지 알 수 있다. 이렇듯 인간관계는 상호적이어서 서로 영향을 미친다. 따라서 무엇을 알고자 할 때, 그 주변을 보면 알 수 있다는 지혜의 말이다.

출처: 옥량(王良)

중국 진나라의 학자, "군주가 어떤 사람인지 알려면 먼저 그의 신하들을 보라."는 말로 유명하다.

예화

후한 말엽 태구의 현령인 진식(陳寔)은 슬하에 두 아들 진기(陳紀)와 진심(陣諶)을 두었다. 진식이 하루는 친구와 함께 외출하기로 하고 기다렸는데 시간이 되어도 나타나지 않자 혼자 외출을 했다. 그런 뒤에야 친구가 나타나 밖에서 놀고 있던 진기에게 아버지가 계시냐고 물었다. 외출하고 안 계신다고 하자, 약속해 놓고 그런 법이 어디 있느냐고 화를 냈다. 진기는 의아해하며 말했다.

"손님께서는 정오에 아버님과 만나시기로 약속하셨습니다. 그런데 그 시간을 안 지키셨으니 신의를 어기신 것이 아닙니까? 그런데다 자식을 향해 그 아버지를 욕하는 것은 또한 예의에 어긋남이 아닙니까?"

그 사람은 말이 막혔다. 이 진기가 장가가서 얻은 아들이 진군(陣群)이다. 진심이 장가가서 얻은 아들이 진충(陣忠)이다. 이들 진식의 손자 또한 영특해서 뒷날 벼슬을 하게 된다.

진군과 진충이 어린 시절 때 사촌끼리 놀면서 각기 자기 아버지의 훌륭함을 자랑하느라고 경쟁을 했다. 할아버지는 "진기를 형이라 하기도 어렵고(難兄), 진심을 동생이라고 하기도 어렵구나(難弟)."라고 말했다.

⑩ 悶人之凶하고 樂人之善하며
　　민인지흉　　　낙인지선
　濟人之急하고 救人之危니라
　　제인지급　　　구인지위

〈景行錄〉

남의 흉한 일을 민망하게 생각하고 남의 좋은 일은 즐거워하며, 남의 급함을 건져 주고 남의 위태함을 구조해 주어야 한다.

〈경행록〉

한자풀이
悶(민) : 번민하다. 어둡다.
凶(흉) : 흉하다. 재난. 凶家(흉가)
濟(제) : 건너다. 건지다. 濟民(제민)
救(구) : 건지다. 구원하다. 救濟(구제)
危(위) : 위태하다. 위태롭게 하다. 危機(위기)

해설
일본의 지하철에서 한국인 한 청년이 살신성인으로 철로에 뛰어든 일로 일본국민을 감동케 한 일이 있다. 남을 구해 준다는 것은 감동 그 자체인 것이다. 우리나라에서도 어느 지하철 역사에서 철로로 떨어진 아이를 구하고 자신은 한쪽 다리를 잃은 역무원의 이야기가 감동을 불러 일으켰다. 다리를 잃은 그 역무원은 마땅히 할 일을 했다고 말함으로써 더욱 감동을 자아내게 했다.

예화

전한(前漢) 말기. 녹림군(綠林軍)이 봉기하여 불길처럼 번져 갔다. 그들은 대부분 농민들이었다. 왕망이라는 자가 신(新)나라를 세워 악정을 일삼자 분노했던 것이다.

이때에 무너진 한 왕조의 일족인 유수도 병사를 일으켜 궐기부대가 영양에 이르렀다. 그 지방의 왕패라는 자가 병사들을 데리고 자청하여 합류했다.

이렇게 해서 1만 명이 된 유수의 군대는 왕망군과 격돌했다. 상대는 40여만 명이었는데도 병력이 적은 유수군이 대승했다. 새 황제로 갱시제를 옹립했다. 그런데 언젠가부터 유수는 자신의 신변이 위협받고 있다는 것을 알았다. 출정한다는 명분을 대고 갱시제의 허락을 받아 길을 떠났다.

이 때에 왕패도 종군해 그를 따라갔다. 온갖 고난이 따르는 원정이라 이탈하는 병사들이 많았다.

"보아하니 끝까지 나를 따르는 자는 너 뿐이구나. 거센 바람이 불어야 비로소 강한 풀임을 알 수 있다고 했다(疾風知勁草)."

유수가 이렇게 자신을 인정해 준 것을 왕패는 잊지 않았다. 뒷날 호족 왕랑군에 몰려 위기에 처한 유수를 왕패는 목숨을 걸고 구해 주었다. 후한의 황제가 된 유수는 왕패에 대한 신임은 변치 않아 그를 태수로 중용했다.

⑪ 經目之事도 恐未皆眞이어늘
　　경목지사　　공미개진
　背後之言을 豈足深信이리오
　　배후지언　　기족심신

〈景行錄〉

눈으로 직접 본 일도 모두 진실이 아닐까 두려운데,
등 뒤에서 하는 말을 어찌 족히 믿을 수 있겠는가.

〈경행록〉

한자풀이
目(목) : 눈. 눈여겨보다. 目睹(목도)
恐(공) : 두려워하다. 두려움. 恐怖(공포)
背(배) : 등. 등쪽. 背後(배후)
豈(기) : 어찌. 그

해설
말(言)로 사람을 죽이고 살리기도 한다. 남의 말만 듣고서 사실이라고 믿는다는 것이 얼마나 위험한가. 유명한 오델로라는 세익스피어의 희곡은 확인하지 않고 믿어버림으로써 사랑하는 이를 잃어버린 비극을 이야기한 대표적 희곡이다.

예화

고구려 을파소(乙巴素)가 정승에 오르기 전에 있었던 일이다. 어느날 머슴들을 불렀다.

"얘들아, 내가 오늘 출타했다 올테니 일에 게으르지 말아라. 특히 열 개만 남긴 마당에 있는 감나무를 잘 살펴라."

을파소가 떠나고 나자 잔꾀가 많은 머슴들 갑과 을은 병에게 "우물물을 떠오라"라고 하고는 그 사이에 각각 감을 두 개씩 따먹었다. "병이야, 수고했다. 우린 지금부터 들에 나가 일하겠다. 저 감나무를 잘 지켜라." 하고는 나갔다. 주인이 돌아왔다.

"이 놈아, 감이 여섯 개밖에 없잖아."

졸지에 감 4개를 병이가 먹은 것으로 되고 말았다. 갑과 을도 "저흰 종일 밭에 나가서 일하다가 지금 돌아온 길입니다." 했다.

을파소는 머슴 셋을 그날 밤을 자기 방에서 재웠다.

다음날 아침 "너희들 용변은 저기에 보아라."라고 하고는, "너희 셋 중 누가 감을 먹었는지 찾아냈다."

을파소는 갑이와 을이를 지목했다. 그제서야 두 머슴은 딴소리 못하고 자기들이 한 짓이라고 실토했다.

⑫ 渴時一適은 如甘露요 醉後添盃는 不如無니라
　갈시일적　　여감로　　취후첨배　　불여무

〈邵康節〉

목 마를 때의 한 방울 물은 감로수와 같고,
취한 후에 잔을 더하는 것은 없느니만 못하다.

〈소강절〉

한자풀이
渴(갈) : 목이 마르다. 渴症(갈증)
露(노) : 이슬. 적시다. 젖다. 甘露(감로)
甘(감) : 달다. 맛이 있다. 甘酒(감주)
添(첨) : 더하다. 보태다. 添削(첨삭)
盃(배) : 잔. 그릇.

해설
배고프면 가릴 것 없이 먹는다. 그래서 배고픔이 곧 반찬이라는 표현도 있다. 문제는 목마를 때의 갈망을 채우고 나면 그때의 고통을 쉽게 잊어 버린다는 사실이다. 인간은 편안할 때에는 모르지만 고통에 빠졌을 때에는 세상을 보는 눈이 달라진다. 고통속에서 인생의 진리를 깨닫게 되는 경우가 많다.

예화

불교의 거승 원효대사가 크게 깨달은 일화가 있다. 그는 648년(진덕여왕 2년) 황룡사(皇龍寺)에서 승려가 되어 수도에 정진하였다. 그가 의상대사와 함께 당나라로 가던 중이었다.

마땅히 유할 곳도 없는 황량한 들판에서 밤을 지새우게 되었다.
그 밤 따라 목이 마른 그는 샘터를 찾았지만 막막했다.
그러다가 어느 나무 아래서 표주박 같은 데 담긴 물이 있음을 보고 그것을 달게 마셨다.

다음날 해가 떠오르고 다시 길을 떠나려 하다가 경악했다. 해골에 담긴 물을 아주 맛있는 생수처럼 마셨던 것이다. 그는 놀라기도 했지만 갑자기 구역질이 났다.
한참을 토악질을 하고 난 원효에게 갑자기 부처가 한 말이 떠올랐다.

"모든 것은 마음이 만들어 내는 것이다."
그는 모든 것이 마음먹기에 달려 있는 것을 크게 깨달았다.
원효는 신라로 돌아와 크게 깨달은 불도를 펼쳐나갔고 의상은 당나라에 가서 화엄경을 공부하고 돌아왔다.
이 두 거승에 의해 우리나라의 불교는 크게 일어났던 것이다.

⑬ **器滿則溢하고 人滿則喪이니라**
　　기만즉일　　　인만즉상

〈景行錄〉

그릇이 차면 넘치고, 사람이 차면 잃는다.

〈경행록〉

한자풀이
器(기) : 그릇. 그릇으로 쓰다. 用器(용기)
滿(만) : 차다. 넉넉하다. 滿月(만월)
則(즉) : 법칙. 곧. 법. 본받다.
溢(일) : 넘치다. 가득하다. 海溢(해일)
喪(상) : 죽다. 잃다. 喪失(상실)

해설
'花無十日紅(화무십일홍)'의 말은 흔히 권력의 무상함을 두고 쓰이곤 한다. '달도 차면 기우나니…' 하고 노랫말도 있다. 꽃도 만발하면 시들 때가 있다는 이러한 이치를 인간의 세계에 적용한 것이다.
명예와 부귀, 권력으로 넘치는 사람에게도 언젠가는 그것이 없어지고 사람마저 떠나간다는 것을 일러주고 있다.

예화

지나치게 많거나 너무 적거나 하면 스스로 기울어지나 알맞게 채우면 곧게 설 수 있는 그릇이 있었다. 공자도 이 신기한 그릇에 대해 들어본 적이 있었다.

주나라에 간 공자가 환공의 사당을 둘러보다가 그릇 하나가 눈에 띄었다.

의식에 쓰이는 그릇인데 이상한 생각이 들어 물어보았다.

"늘 곁에 두고 보는 그릇입니다(有坐之器)."

곁에 있던 사당지기의 대답에 공자는 고개를 끄덕였다.

"그렇군요. 나도 들은 적이 있습니다. 이 그릇은 속이 비면 기울어진다지요? 그런가 하면 가득 채우면 엎질러지고, 물이 알맞게 차면 바로 선다고 하더군요."

가까이 두고 보면서 그 때마다 마음을 적정선에서 유지하는 데 도움을 받을 수 있는 것이다.

지나치거나 부족하거나 해서 인생이 그릇될 때가 많음을 경계한 것이라 볼 수 있다.

⑭ 遠水는 不救近火요 遠親은 不如近隣이니라
　　원수　　불구근화　　원친　　불여근린

〈益智書〉

멀리 있는 물은 가까운 곳의 불을 끄지 못하고,
멀리 있는 친척은 가까운 이웃만 같지 못하다.

〈익지서〉

한자풀이
遠(원) : 멀다. 아득하다. 遠近(원근)
近(근) : 가깝다. 닮다. 近似(근사)
親(친) : 친하다. 가까이 하다. 親戚(친척)
隣(린) : 이웃. 가깝다. 隣近(인근)

해설
가까움에도 거리적 가까움과 심리적 가까움이 있다. 가까움이란 유용성과도 관련이 있다. 아무리 유용한 것이라도 손에 닿을 수 없이 먼 곳에 있다면 쓸모가 없다. 인간관계에 있어서도 필요할 때 도움이 되는 사람이 되어야 한다. 필요할 때 아무런 도움이 되지 않는다면 무슨 소용이 있겠는가!

출처: 역지서(益智書)

송(宋) 나라 때에 쓰여진 지혜서로, "지혜를 보태는(더하는) 책"이라는 뜻이다.

예화

장자는 구속받지 않고 자유롭게 살겠다는 일념 하나로 가난하게 평생을 지냈다. 어느 날 먹을 것이 떨어져 친구를 찾아갔다.

"여보게. 쌀 좀 꿔 줘야겠네."

친구 김하후(金河侯)는 거절하기 곤란해 우선 자리에 앉기를 권했다.

"그래, 꿔주기 어렵지 않네. 그런데 말일세."

김하후는 핑계를 대지 않을 수 없었다.

"2, 3일 후면 영지에서 세금이 들어온다네. 그때 3백금쯤 빌려 주겠네. 그래도 괜찮겠는가?"

장자는 안색이 변했다. 그러나 말했다.

"어제 이리로 오던 길이었지. 누군가 나를 부르기에 돌아다보니 수레바퀴 자국 속에 한 마리 붕어가 있었네. 왜 불렀느냐고 붕어에게 물으니, 물이 다 잦아들어 죽게 되었으니 물 좀 달라는 거였네."

거기까지 말하고 안색을 고쳐 장자는 계속했다.

"그거야 어려운 일이 아니지. 지금 2, 3일간 남방에 갔다 올 일이 있으니 그때 오는 길에 강물을 가득 길어다가 부어 줄 테니 기다려 주면 어떨까? 라고 말해 주었네."

붕어는 화를 내며 낯빛이 변하여, "지금 물을 약간만 주면 살 수 있는 일인데 기다리라니! 차라리 나를 건어물 가게로 데려가요. 그게 더 낫단 말예요." 하더라고 장자는 말을 맺었다.

⑮ 酒色財氣四堵墻에 多少賢愚在內廂이라
　　주색재기사도장　　　다소현우재내상
若有世人이 跳得出이면 便是神仙不死方이니라
　약유세인　　도득출　　　변시신선불사방

〈性理書〉

술과 여색과 재물과 기운의 네 가지로 쌓은 담장 안에 수많은 어진 사람과 어리석은 사람이 그 행랑에 들어 있다. 만약 세상 사람들 중에(이곳을) 탈출해 나올 수 있다면 곧 이것이 신선이 되어 죽지 않는 처방이다.

〈성리서〉

한자풀이
堵(도) : 담. 담장
廂(상) : 행랑. 곁간
跳(도) : 뛰다. 달아나다. 跳躍(도약)
神(신) : 귀신. 정신. 혼. 神通(신통)

해설
술과 이성과 돈과 혈기, 이 네 가지는 왜 세상에 있는 것일까? 술과 섹스로 얼룩지는 세상의 모습, 돈을 좇아 매몰차게 돌아가는 세상, 혈기 부리다가 패가망신하는 일들이 벌어지고 있다.
젊은 날부터 이 네 가지에 대한 자기 절제와 통제를 잘할 수 있다면 성공적인 인생을 살 수 있는 것이다.

예화

신라의 김유신 장군이 한 때 기녀 천관(天官)에게 마음을 빼앗겨 사귄 일이 있었다. 매일 그녀의 집을 찾았다. 그의 어머니가 이를 알았다. 나라의 큰 일꾼이 되겠다는 아들이 하는 짓이 방종으로 흘러가게 내버려 둘 수 없다.

"네가 계집 하나에 빠져 이래도 되느냐. 큰 인물이 되겠다면, 또 가문을 생각한다면 네가 어떻게 해야겠느냐?"

듣고 있던 김유신은 잠시 후 입을 열었다.

"더 이상 그 여자의 집에 발을 들여놓지 않겠습니다."

그는 결심한 말대로 의지를 실천해 나갔다. 그날도 종일 무예를 닦으며 해가 저물어 집으로 돌아오고 있었다. 피곤했던 몸이라 마상에서 설핏 잠이 들었다.

그가 눈을 떠 정신이 들었을 때, 깜짝 놀랐다. 말은 기녀 천관의 집으로 들어서고 있었다. 말이 전에 하던 습관을 따라 저혼자 천관의 집으로 왔던 것이다. 그것을 알 리 없는 천관은 자신을 찾아온 것이 반가와 뛰쳐나갔다.

하지만 김유신은 반가움이고 뭐고 따질 겨를이 없었다. 그는 칼을 뽑았다. 가차 없이 말의 목을 치면서 부르짖었다.

"이 무엄한 놈아, 네가 내 마음도 모르고 이리로 왔구나. 더 이상 나는 사사로운 애정에 빠질 수 없다. 나라를 위해 바친 몸이 아닌가!"

기녀 천관의 집 앞을 돌아서 떠나가는 김유신의 등에는 칼날 같은 의지가 어른거렸다.

學而時習(성심편)

1. "疑人莫用 用人不( )"에서 ( )에 알맞은 한자는?
   ① 疑(의)   ② 親(친)   ③ 用(용)   ④ 使(사)

2. "飽煖思淫慾 飢寒發( )心"에서 ( )에 알맞은 한자는?
   ① 我(아)   ② 道(도)   ③ 己(기)   ④ 路(로)

3. "欲知其( ) 先視其子"에서 ( )에 알맞은 한자는?
   ① 祖(조)   ② 婦(부)   ③ 父(부)   ④ 兄(형)

4. "經目之事 恐未皆( ), 背後之言 豈足深信"에서 ( )에 알맞은 한자는?
   ① 特(특)   ② 美(미)   ③ 善(선)   ④ 眞(진)

5. "渴時一滴 如甘露 ( )後添盃 不如無"에서 ( )에 알맞은 한자는?
   ① 勞   ② 事   ③ 醉   ④ 病

----

1. ① 사람을 의심하거든 쓰지 말고, 사람을 쓰거든 의심치 말지니라. 2. ② 배부르고 따뜻하면 음욕을 생각하고, 배주리고 추우면 도에 대한 마음이 발하노라. 3. ③ 아버지를 알고자 하면 그 아들을 먼저 보면 된다. 4. ④ 눈으로 본 일도 모두 진실이 아닐까 두렵다. 하물며 등 뒤에서 하는 말을 어찌 깊이 믿을 수 있겠는가? 5. ③

12. 입교편(立敎篇)

제반 가르침에 관한 글

기본적인 윤리 도덕이라 할
삼강오륜을 위시해
정치, 경제, 사회에 관한 실천방법을 설명하고 있다.

① 治官엔 莫若平이요 臨財엔 莫若廉이니라
　　치관　　막약평　　　　임재　　막약렴

〈忠子〉

관리를 다스림에는 공평만한 것이 없고
재물에 임하여는 청렴만한 것이 없다.

〈충자〉

> **한자풀이**
> 官(관) : 벼슬. 벼슬아치. 관청. 官吏(관리)
> 莫(막) : 없다. 정하다. 꾀하다. 莫上(막상)
> 若(약) : 같다. 너. 만일.
> 臨(임) : 임하다. 다스리다. 본떠 쓰다. 臨時(임시)
> 廉(렴) : 청렴하다. 검소하다. 곧다. 淸廉(청렴)
>
> **해설**
> 물질만능과 소비지상주의 시대에 청렴하게 살아가기란 쉽지 않다. 돈이면 불가능도 가능하게 한다는 사고방식에 젖어 있는 사회에서 초연하게 청렴한 생활을 지켜가려면 남보다 검소해야 하고, 근면과 정직하게 살아야 한다. 누군가가 공평과 청렴의 밀알이 되지 않고는 이 사회는 밝고 맑아질 수 없다.

출처: 文中子(문중자)

왕통(王通, 582~616)은 수나라의 유학자이다. 자는 중엄(仲淹)이고 별호인 문중자(文中子)라도 불릴 때가 많다. 그의 근본사상은 중용(中庸)에 근거하였다. 그의 교육에 관한 학설은 그의 저작인 《중설》(中說)에 기록되어 있다.

예화

우리가 너무도 잘 아는 이순신은 무과에 급제한 뒤에도 평정심을 잃지 않았다. 남들이 권력자를 찾아가 높은 벼슬자리에 오르기 위해 아첨과 아부를 떨 때 그는 의연하게 자신을 지켜 나갔다.

율곡 이이가 이조판서로 있을 때였다. 율곡은 같은 덕수(황해도 개풍) 이씨 종씨(宗氏)로서 이순신에 대한 인품을 전해 듣고 한번 만나 보고 싶었다. 그래서 사람을 보내어 만나기를 청했다.

그러나 이순신은 다음과 같이 응답했다.

"같은 종씨로서는 만나뵐 수 있습니다. 그러나 관리를 전형하는 이조판서로서는 만나 뵐 수 없습니다."

이순신은 종씨로서의 율곡을 만나는 것이 공과 사를 분명히 하는 일이라고 생각했던 것이다. 그만큼 청렴하고자 한 이순신의 진면목이 드러나는 모습이 아닐 수 없다.

② 孔子三計圖에 云一生之計는 在於幼하고
　　공자삼계도　운일생지계　　재어유
一年之計는 在於春하고 一日之計는 在於寅이니
　일년지계　재어춘　　일일지계　재어인
幼而不學이면 老無所知요 春若不耕이면
　유이불학　　노무소지　　춘약불경
秋無所望이요 寅若不起면 日無所辦이니라
　추무소망　　인약불기　　일무소판

공자가 삼계도에 이르기를, "일생의 계획은 어릴 때에 있고, 일년의 계획은 봄에 있고, 하루의 계획은 새벽에 있다. 어려서 배우지 않으면 늙어서 아는 것이 없고, 봄에 밭 갈지 않으면 가을에 바랄 것이 없으며, 새벽에 일나지 않으면 그 날의 할 일이 없느니라.

> **한자풀이**
> 計 (계) 셀, 세다
> 幼 (유) 어릴, 어리다
> 寅 (인) 동방, 방향
> 耕 (경) 밭갈, 밭을 갈다
> 秋 (추) 가을
> 起 (기) 일어날, 일어나다
> 辦 (판) 힘쓸, 힘을 쓰다, 애를 쓰다

③ 三綱은 君爲臣綱이요
　　삼강　　군위신강
父爲子綱이요 夫爲婦綱이니라
부위자강　　　부위부강

삼강(三綱)이라는 것은 임금은 신하의 본이 되고, 아버지는 자식의 본이 되며, 남편은 아내의 본이 되는 것이니라.

한자풀이
綱 (강) 벼리, 어떤일에 근본이나 뼈대가 되게 하는것
君 (군) 임금
爲 (위) 할
父 (부) 아비
婦 (부) 며느리

'벼리'라는 뜻의 윤(綸), 강(綱), 유(維), 기(紀)의 한자

'벼리'는 순수한 우리 말로 그물의 윗쪽 코를 꿰어 잡아당기게 된줄이다. 일이나 글의 뼈대가 되는 줄거리다. 다시 풀어쓴다면 '벼리'는 그물에 있어서 근본이 되는 굵은 줄(그물 코: 세밀한 그물망을 가로 세로 묶는)을 말하는 것인데, 현대적 의미로 해석 하면 '법도(法度)'라고 풀어가거나, 책임자 등의 의미로 해석할수 있다.

學而時習(입교편)

(1~4) ( ) 속에 한자 1글자를 넣으세요.

1. 孔子 三計圖에 云 一生之計는 在於幼하고 一年之計는 在於( )하고 一日之計는 在於寅이니 幼而不學이면 老無所知요 春若不耕이면 秋無所望이요 寅若不起면 日無所辨이니라.

2. 三綱은 君爲臣綱이요 父爲子綱이요 夫爲( )綱이니라.

3. 忠臣은 不事二君이요 烈女는 不( )二夫니라.

4. 治( )엔 莫若平이요 臨財엔 莫若廉이니라.

5. 『憐兒어든 多與棒하고 憎兒어든 多與食하라.』
   위와 유사한 의미의 우리 속담을 예시해 보세요.

----

1. 春 2. 婦 3. 更, "충신은 두 임금을 섬기지 않고, 열려는 두 지아비를 섬기지 않느니라." 4. 官, "벼슬을 다스림에는 공평한 것만 같지 못하고, 재물에 임함에는 청렴한 것만 같지 못하느니라." 5. 미운 아이 떡 하나 더 준다.

13. 치정편(治政篇)

정사를 다스리는 것에 관한 글

처음 취직한 사람의 복무태도로서 좋은 지침의 글이다.
정치가나 관료, 기업체경영진이나 사원, 학생이나 교사까지도
근본을 바로 세우고 심사숙고하면 그 다음행동은
스스로 풀려나온다는 것을 알 수 있다.

① 上有麾之하고 中有乘之하고 下有附之하여
　　상유휘지　　　중유승지　　　하유부지
幣帛衣之요 倉廩食之하니
　　폐백의지　　　창름식지
爾俸爾祿이 民膏民脂니라
　　이봉이록　　　민고민지
下民은 易虐이어니와 上天은 難欺니라
　　하민　　이학　　　　　상천　　난기
　　　　　　　　　　　　　　〈唐太宗御製〉

조직을 보면 위에 지휘하는 사람이 있고, 중간에 이를 다스리는 사람이 있으며, 아래에는 이를 따르는 사람이 있다.
예물로 받은 비단으로 옷을 지어 입고, 곳간의 곡식으로 밥을 해 먹으니 너의 봉급과 너의 녹은 백성들의 기름이요, 백성들의 비계다. 아래에 있는 백성들은 학대하기 쉽지만, 위에 있는 푸른 하늘은 속이기 어렵다.

〈당태종어제〉

한자풀이
麾(휘) : 지휘하다. 부르다. 지휘
俸(봉) : 녹. 봉급. 급료. 俸給(봉급)
膏(고) : 살찌다. 기름.

해설
동서양의 일관된 이상정치는 백성을 따뜻하게 해 주어야 한다는 것이다. 따뜻함이란 의식주가 넉넉하여야 한다는 것이다. 그리고 다스리는 자나 다스림을 받는 자나 진실되어야 한다.

출처: 당태종어제 (唐太宗御製)

이 내용은 원래 후촉의 군주 맹창(孟昶: 재위 935~965)이 지은 것이나 당 太宗이 이 중에서 16자를 써서 각 지방의 청사 앞에 세워 수령을 경계한 글이다.

예화

길을 떠난 공자가 제자들을 데리고 태산의 한적한 마을을 지나가고 있을 때였다. 어디 선가 구슬프게 우는 여인네의 곡소리가 있어 둘러보니 길가의 무덤 곁에 있는 한 여인이 눈에 띄었다. 공자는 자로를 시켜 사정을 알아보게 했다.

자로가 다가가 물었더니 여인은 이렇게 대답했다.

"저는 여러 차례 불행을 만난 여인입니다. 전에 시아버님이 호랑이에 물려 죽으시더니, 이번에도 제 남편이 똑같은 화를 당하셨습니다. 그런 데다가 제 아들마저 또 호랑이에게 물려 죽었습니다."

"호랑이가 들끓는 무서운 곳이라면 이곳을 떠나시지 왜 그대로 계셨습니까?"

여인네가 다시 대답했다.

"이곳에는 가혹한 정치(=가혹한 세금)가 없는 곳입니다."

공자는 여인네의 말에 충격을 받았다.

제자들을 불러 가르쳤다.

"가혹한 정치는 호랑이보다 무섭구나. 그러니 너희들도 마음에 새겨두어라."

② 當官之法이 唯有三事하니
　　당관지법　　　유유삼사
　曰淸曰愼曰勤이라 知此三者면
　　왈청왈신왈근　　　　　지차삼자
　則知所以持身矣니라
　　즉지소이지신의

〈童蒙訓〉

관리된 자가 지켜야 할 법이 오직 세 가지가 있으니,
깨끗함과 신중함과 근면함이다.
이 세 가지를 알면 그로써 몸 가질 바를 알게 된다.

〈동몽훈〉

한자풀이
淸(청) : 맑다. 빛이 선명하다. 淸潔(청결)
愼(신) : 삼가다. 진실로. 愼重(신중)
勤(근) : 부지런하다. 일. 勤勉(근면)
持(지) : 가지다. 보존하다. 持續(지속)
身(신) : 몸. 신체. 몸소. 친히. 身體(신체)

해설
성인들은 가장 부패한 것이 인간의 마음이라고 했다. 그래서 자기 몸과 마음을 깨끗이 하고, 신중을 기해야 하며, 근면하게 살아야 한다고 가르쳤다.

출처: 동몽훈(童蒙訓)

여씨 동훈몽이라고 한다. 여씨는 송나라때 여본중을 가리키는데, 자는 거인(居仁)이고 동래선생이라고 불렀다. 동몽훈은 학생을 가르치는 내용으로 정론(正論)과 격언이 많다.

예화

광주 태수 양일(楊逸)이 죽자 모두가 슬퍼했다. 시골 구석 어디에서도 그를 애도하지 않는 백성이 없었다.

"참으로 아까운 사람이 죽었구나."

양일의 나이 32살이었다. 3년 전, 심한 기근이 들어 굶어 죽어 가는 자들이 속출했다. 곡물 창고를 열어 식량을 배급하려고 했다. 하지만 관리들이 조정의 허락이 없다며 열지 않았다.

"무슨 소린가! 백성이 먹을 것이 없어 고통 받는데 이런 일이 있을 수 없다. 문책이 있게 된다면 내가 대신 받겠다."

그런 뒤 양일은 조정에 보고했다. 비난과 찬성으로 양립한 가운데 황제는 양일의 조치를 칭찬했다. 황제의 인정까지 받은 양일은 관원과 병사들이 민폐를 끼치지 않도록 양식을 휴대하게 했고, 백성을 괴롭힌 관리는 엄중히 다스렸다. 분위기는 일신되고 관원이나 병사들은 사람들에게 음식 한 그릇 대접받기를 사양했다.

하지만 양일은 황제위를 노리는 일당의 미움을 받아 죽임을 당하고 말았다. 그 외 제단에는 30일이 넘도록 향불을 끄지 않았다. 그리고 꽃을 바쳐 명복을 빌었다.

③ 事君을 如事親하며 事官長을 如事兄하며
　　사군　　여사친　　　사관장　　　여사형
與同僚를 如家人하며 待群吏를 如奴僕하며
　여동료　　여가인　　　대군리　　여노복
愛百姓을 如妻子하며
　애백성　　여처자
處官事를 如家事 然後에 能盡吾之心이니
　처관사　　여가사　연후　　능진오지심
如有毫末不至면 皆吾心에 有所未盡也니라
　여유호말부지　　개오심　　유소미진야
〈童蒙訓〉

임금 섬기기를 어버이 섬기듯 하며 윗사람 섬기기를 형을 섬기듯 하며 동료를 대하기를 집안 사람같이 하며 여러 관리들 대하기를 자기집 하인같이 하며 백성을 사랑하기를 처자식 같이 하며, 나라일 처리하기를 자기 집안일 같이 한 다음에야 능히 나의 마음을 다했다고 할 수 있으니 만약 털끝만큼이라도 이르지 못함이 있으면 모두 나의 마음에 다하지 못함이 있기 때문이다.
〈동몽훈〉

한자풀이
僚(료) : 동료. 벼슬아치.
處(처) : 살다. 처리하다. 處理(처리)
毫(호) : 가는 털. 조금. 毫釐(호리)

해설
섬긴다는 것은 소중한 덕목이다. 네 이웃을 네 몸과 같이 사랑하라는 말도 섬김을 기반로 하고 있다. 마음을 다하는 진정성을 가졌을 때 최선을 다했다고 할 수 있다.

예화

재상 맹사성은 백성을 생각하는 마음과 실천으로 많은 일화를 남긴 사람이다. 그는 말년에 관직에서 떠나 고향에 묻혀 살았다.

하루는 고향 온양에 사또가 새로 부임해 왔다. 전부터도 그의 덕망을 부임해 오는 관리들이 찾아오곤 했었다.

그날 맹사성은 사또 일행이 찾아 왔는데도 밭에서 일을 하고 있었다. 그러자 사또 일행은 보다 못해 밭으로 들어가 일을 함께 했다.

그날의 하루가 그렇게 저물자 비로소 맹사성은 손을 털고 밭에서 나왔다. 그런 뒤 사또 일행에게 상을 차려 막걸리를 대접하며 환담을 나눴다.

사또가 물었다.

"저를 푸대접하시려고 그러셨던 것입니까?"

"아닐세. 다른 뜻이 있었다네."

그러면서 맹사성은 사또를 대한 자신의 태도에 대해 말해 주었다.

"뜨거운 태양 아래서 땀 흘려 일해 보지 않고는 백성이 어떤 수고를 하고 있는지 알지 못하네. 찾아와 준 건 고맙네만, 같이 땀 흘린 일이 백성을 다스리고 선정을 베푸는데 조금이라도 도움이 된다면 그것만큼 기쁜 일은 없소이다."

사또는 감동했다. 은퇴해 조용히 살면서도 맹사성은 늙은 몸으로 백성 사랑의 실천을 보인 것이었다.

④ 迎斧鉞而正諫하며 據鼎鑊而盡言이며
   영부월이정간   거정확이진언
   此謂忠臣也니라
   차위충신야

〈抱朴子〉

도끼로 맞더라도 바른 말로 간하며, 솥에 삶기더라도 바른 말을 하면, 이를 일러 충신이라고 한다.

〈포박자〉

> **한자풀이**
> 斧(부) : 도끼. 베다
> 諫(간) : 간하다. 간하는 말
> 謂(위) : 이르다. 설명하다.
> 忠(충) : 충성. 진심. 진실. 忠誠(충성)
>
> **해설**
> 바른 말을 해도 역적으로 몰리지 않는 나라가 있다면 바로 그런 나라가 백성을 위하는 나라일 것이다.
> 사람은 남에게서 비평의 소리를 듣기 싫어한다. 그러나 바른 인생을 살아가려면 타인의 쓴 소리도 들을 줄 알아야 한다.

출처: 抱朴子(포박자)

신선 방약(神仙方藥)과 불로장수(不老長生)의 비법을 서술한 도교 서적, 중국 동진(東晉)의 갈홍(葛洪: 283~343)이 지었다.

예화

"공자의 위패가 거추장스럽다!" 연산군은 소리쳤다. 그날로 성균관에 있는 공자의 위패가 치워졌다.

"잘 생긴 여자라면 다 들여보내라!" 하루도 주지육림 속에 살지 않는 날이 없었다. 보다 못해 충직한 신하 김치선이 연산군 앞에 나아가 조아렸다.

"늙은 이 신하는 임금님 네 분을 그간 모셨습니다. 고금의 역사와 경서를 보아도 전하만큼 방탕한 임금은 없으셨습니다." "환관 주제에 무엄하다!" 활을 맞은 김치선은 가슴에서 피를 뿜으면서도 하던 말을 했.

"천한 이 몸, 오직 천하를 모시며 나라를 위한 마음일 뿐, 죽음이 두렵지 않습니다.

말 한마디가 나올 때마다 연산군은 다리를 치고 팔을 잘랐다. 이윽고 동강난 몸통을 호랑이 밥으로 던져 주었다. 연산군의 입에서는 시 한 수가 흘러나왔다.

"나, 잔악하기 이를 데 없는 몸이지만
비천한 내시가 나 임금에게 덤빌 줄이야.
통분한 마음이 창랑수에도 안 지워지리."

學而時習(치정편)

1~4. 다음의 ( )에 들어갈 글자를 적으시오.

1. 爾俸爾祿이 ( )膏( )脂니라 下( )은 易虐이어니와 上蒼은 難欺니라.
   ( )속에 들어갈 공통 글자는?

2. 童蒙訓에 曰 當官之法이 唯有三事하니 曰淸曰愼曰( )이라.

3. 當官者는 必以暴( )爲戒하라

4. 明道先生이 曰 使民으로 各得輸其( )이니라

5. 抱朴子가 曰 迎斧鉞而正諫하며 據( )而盡言이면 此謂忠臣也이니라.
   ( )에 가마솥을 뜻하는 두 글자의 단어는?

----
1. 民 2. 勤 3. 怒 4. 情 5. 鼎鑊

14. 치가편(治家篇)

집안을 다스리는 것에 관한 글

행복한 가정은 인간에게 가장 복된 요소이다.
따라서 한 가정이 바로 되려면 어떠해야 하고,
가정의 중심은 물질이 아니라
바른 마음자세에 있음을 가르치고 있다.

① 觀朝夕之早晏하여
관조석지조안
可以卜人家之興替니라
가이복인가지흥체

〈景行綠〉

아침과 저녁밥의 이르고 늦음을 보면
가히 그 사람의 집이 흥한지 망한지를 점칠 수 있다.

〈경행록〉

한자풀이
觀(관) : 보다. 나타내 보이다. 觀望(관망)
晏(안) : 늦다. 편안하다.
卜(복) : 점. 점치다. 卜占(복점)
興(흥) : 일어나다. 창성하다. 興亡(흥망)
替(체) : 쇠퇴하다. 폐하다.

해설
일찍 일어나는 새가 먹이를 먼저 얻는다. 새벽 일찍 일어나 하루를 시작하며 시간 관리를 잘하는 사람이 성공한다는 것은 고금의 진리로 통한다. 부지런하다는 것은 부산을 떠는 것이 아니다. 부지런한 사람 치고 가난하게 사는 사람은 없다.

예화

현감이라면 한 고을의 높은 벼슬아치다. 많은 사람이 찾아와 인사를 하고 청탁을 받는 자리이기도 하다. 한번은 현감을 만날 일이 있어 아침 일찍 현감의 집을 찾아온 이가 있었다. 하인은 "기다리셔야겠습니다."

한마디 하고 사라진 뒤 아무리 기다려도 나오는 이 없었다. 어느덧 해가 떠올라 관청의 업무가 시작되는 뿔피리 소리가 들려왔다.

그제서야 현감의 기척이 들려왔다. 그것도 세숫물을 들여보내라는 소리였다.

"그럼 이제야 일어났다는 말인가?"

찾아온 이는 의아하게 생각하지 않을 수 없었다.

해는 중천에 떠오르고 때는 점심에 가까워 왔다.

그제서야 현감의 출근이 시작되고 있었다. 현감은 대문을 나서 관청으로 향하면서도 찾아온 이를 거들떠보지도 않았다.

찾아온 이는 떨떠름한 느낌이었다.

고개를 갸웃거리며 떠나갔다.

얼마 있지 않아 현감은 벼슬에서 쫓겨 났다는 소식이 들려 왔다.

② 婚娶而論財는 夷虜之道也니라
혼취이논재　　이로지도야

〈文中子〉

혼인하고 장가드는 데에
재물을 논하는 것은 오랑캐의 일이다.

〈문중자〉

한자풀이
婚(혼) : 혼인하다. 아내의 친정. 婚需(혼수)
娶(취) : 장가를 들다. 아내를 맞다.
財(재) : 재물. 재료. 재주. 財産(재산)
夷(이) : 오랑캐
虜(로) : 포로. 사로잡다. 종. 하인. 捕虜(포로)

해설
남녀 혼인이 이뤄지기 위해서 가장 먼저 봐야 할 것이 무엇인가? 만일 재물을 으뜸으로 쳐서 그것이 결혼조건이라면 과연 잘 살 수 있을까? 부귀를 보고 이뤄진 결혼치고 잘 사는 부부가 없다. 예나 지금이나 결혼은 재물을 보지 말고 두 남녀가 장차 잘 살아갈 수 있는 가능성에서 찾아야 한다고 한다.

예화

예부터 혼인에 대한 많은 교훈이 있다. 그 중 사마광(司馬光)이 한 말은 오늘날에도 귀담아 둘 필요가 있다. 그는 혼인에서 다뤄야 할 첫 번으로 사위와 며느리가 될 사람의 가정교육과 품행이었다. 그는 시집 장가 갈 당사자의 집안 부귀를 따지지 않았다.

그 이유는 사위될 사람에게 중요한 것은 현명하여야 한다는 데 있었다. 지금은 낮고 가난해도 장차 부귀해질 수 있으면 된다고 했다.

"지금 부귀하다고 해서 언제까지나 가는 게 아니고 뒷날 빈천해질 수 있는 게 인간사의 일이다."

며느리에 대해서는 집안의 흥하고 쇠해지는 것이 여자의 손에 달려 있다고 보았다. 그는 말하기를,

"부귀를 따져서 결혼을 한다면 여자는 그 부귀에 의지해 남편을 가볍게 여길지 모른다. 그 뿐만 아니라 시부모에게도 버릇없게 굴게 되고 교만해질지도 모른다."

그러한 결혼은 후일에 근심거리가 된다고 말했다. 그는 사내가 여자의 부귀를 의지해서 장가를 든다면 장부로서 올바른 뜻과 기상을 갖지 못했다고 질타했다.

學而時習(치가편)

1~5. ( )안에 알맞은 글자를 넣으시오.

1. 待客에 不得不( )이요 治家에 不得不儉이니라.

2. 太公이 曰 痴人은 畏婦고 賢女는 敬( )니라.

3. 子( )雙親樂이오 家和萬事成이니라.

4. 觀朝夕之早晏하여 可以卜人家之( )니라. ( )는 흥하고 쇠함의 뜻이다.

5. 文仲子 曰 婚娶而論( )는 夷虜之道也이니라.

----

1. 豊, 손님 접대는 풍성하게 하지 아니치 못하며, 살림살이는 검소하지 않을 수 없느니라. 2. 夫 3. 孝 4. 興替 5. 財, 문중자가 말하기를, "혼인하고 장가드는 데 재물을 논하는 것은 오랑캐가 할 일이니라."고 하셨다.

15. 안의편(安義篇)

부부, 부자, 형제, 친척 사이의 윤리 도덕에 관한 글

혈족관계나 지인관계 또는 이웃에 대해서
어떤 자세로 관계를 이어가며
살아가야 하는가에 대해 가르치고 있다.

① 兄弟는 爲手足하고 夫婦는 爲衣服이니
　　　형제　　위수족　　　　부부　　위의복
　　衣服破時엔 更得新이어니와
　　　의복파시　　　갱득신
　　手足斷處엔 難可續이니라
　　　수족단처　　　난가속

〈莊子〉

형제는 수족과 같고 부부는 의복과 같으니
의복이 떨어졌을 때에는 다시 새것을 입을 수 있지만,
수족이 끊어진 곳은 잇기가 어렵다.

〈장자〉

한자풀이
手(수) : 손. 사람. 힘. 手匣(수갑)
足(족) : 발. 뿌리. 근본. 가다. 足球(족구)
更(갱) : 다시. 재차. 更新(갱신)
續(속) : 잇다. 이어지다. 續篇(속편)

해설
한 뿌리와 나무에서 생겨난 형제들이 뿌리가 잘리고 가지에서 잘려나간 다면 결국은 말라 비틀어지는 것밖에 없다. 서로가 반목하고 질시한다면 그 후손이 잘될 리가 없다.

예화

반란에 실패한 형이 다른 나라로 도망친 것을 보고 그 동생이 걱정하지 않을 수 없었다. 형은 결국 죽게 될 것이라고 생각한 동생은 탄식했다.

"사람들은 다 형제가 있는데, 나만 없구나."

이 말을 들은 공자의 제자 자하가 말했다.

"내가 듣기에 이런 말이 있소. '죽고 사는 데에는 명(命)이 있는 것이고, 부귀라는 것은 하늘에 달려 있다. 군자가 항시 경건을 다하여 잘못이 없고, 다른 사람에게는 공손을 갖춰 예의가 있다면, 모두가 형제가 된다.'

그러므로 군자가 어찌 형제가 없다는 걸 가지고 근심하겠소."

그렇다. 넓은 의미로 보면 우리 모두는 인간이라는 한 형제의 울타리 안에 있는 것이다.

四海兄弟(사해형제)
세상 사람들이 모두 형제다. 사해란 세상을 뜻한다. 세상 사람들이 형제처럼 지내야 한다는 뜻으로도 쓰인다. 사해형재에서 사해란 온 천하를 말하고, 불교애서는 수비산을 둘러싼 바다를 말한다. 사해동포라고도 한다.

② 富不親兮貧不疎는 此是人間大丈夫요
　　부불친혜빈불소　　　차시인간대장부
　富則進兮貧則退는 此是人間眞小輩니라
　　부즉진혜빈즉퇴　　　차시인간진소배

〈蘇東坡〉

부유하다고 친하지 않으며, 가난하다고 멀리하지 않으면,
이것이 바로 인간의 대장부요,
부유하면 가까이 하고 가난하다고 멀리하면,
이것이 바로 인간의 진짜 소인배이다.

〈소동파〉

한자풀이
此(차) : 이. 이것
進(진) : 나아가다. 힘쓰다.
退(퇴) : 물러나다. 피하다. 退物(퇴물)
輩(배) : 무리. 동류. 同年輩(동년배)
眞(진) : 참. 생긴 그대로. 眞實(진실)

해설
물질을 쫓는 것이 소인배, 인격을 찾는 것이 대장부이다. 물질이 나쁜 것은 아니다. 물질을 다루는 인간과 이기에 빠짐으로 그것이 불러일으키는 파탄이 문제인 것이다. 부자를 가까이 하고 가난한 자를 경멸한다면, 이 해타산에 약삭빠른 사람이기에 소인배라고 한 것이다.

출처: 蘇東坡(소동파)

蘇軾(1037~1101)은 **蘇東坡** 또는 東坡居士(동파거사)라고 불리며 北宋때의 문신이며 시인이다.

예화

후한의 황제 광무제는 호양공주라는 남편과 사별한 손위 누이를 두고 있었다. 그런 누이가 은근히 재상 송홍(宋弘)에게 연정을 품고 있었다. 어느 날 광무제가,

"누님 보시기에 신하들 중에 어떤 인물이 마음에 드시는지요?"

물음에 공주는 송홍을 지목하며 대답했다.

"의연한 풍모도 좋거니와 덕행과 인품이 뛰어난 분이라 생각해요."

"알겠습니다. 어떻게 해 보겠습니다."

하루는 날을 잡아 주연상을 차려 놓은 다음 송홍을 불러들였다. 광무제 뒤로는 큼직한 병풍이 둘러쳐져 있었고 주안상 건너편에 송홍이 앉았다. 광무제가 "높은 지위에 오르면 사귐을 바꾸고, 부자가 되면 아내를 바꾼다는 말이 있습니다."

이에 송홍이 대답했다.

"아닙니다. 가난하고 비천한 때의 사귐을 잊지 말아야 하고, 거친 음식을 함께 먹으며 고생한 아내(糟糠之妻)를 집에서 쫓아내면 안 된다고 들었습니다. 이것이 옳다고 생각합니다."

學而時習(안의편)

1~3. 다음의 (　)안에 적절한 글자를 넣으시오.

1. 顏氏家訓에 曰

1) 夫有(　)而後에 有夫婦하고 有夫婦而後에 有父子하고 有父子而後에 有兄弟하니
2) (　)之親은 此三者而已矣라
3) 自玆以往으로 至于九族이 皆本於(　)焉故로
4) 於人倫에 爲重也니 不可無篤이니라.

2. 莊子曰 兄弟는 (　)手足하고 夫婦는 爲衣服이니 衣服破時엔 更得新이어니와 手 足斷處엔 難可續이니라.

3. 蘇東坡云 富不親兮 (　)不疎는 此是人間大丈夫요.

----

1. 1) 人民 2) 一家 3) 三親, 2. 爲 3. 貧

16. 준례편(遵禮篇)

예에 대한 글

우리가 일상생활에서 실천해야 할 기본적인 예의범절을 비롯해 궁극적인 참된 예의를 가르치고 있다.

① 君子가 有勇而無禮면 爲亂하고
　군자　　유용이무례　　　위난
小人이 有勇而無禮면 爲盜니라
소인　　유용이무례　　　위도

〈孔子〉

군자가 용기만 있고 예의가 없으면 난을 일으키고
소인이 용기만 있고 예의가 없으면 도적이 된다.

〈공자〉

한자풀이

勇(용) : 날쌔다. 결단력이 있다. 勇斷(용단)
亂(난) : 어지럽다. 亂離(난리)
禮(예) : 예도. 경의를 표하다.
無(무) : 없다. 허무(虛無)의 도. 말라. 無謀(무모)
盜(도) : 훔치다. 밀통하다. 盜賊(도적)

해설

나라를 뒤엎은 역적이 있었다. 예의를 알았다면 백성을 죽여 가면서까지 나라를 뒤엎는 용기를 부리지 않았을 것이다. 용기는 인간에서 필요한 것이지만, 잘못된 용기는 일을 그르친다는 것을 경계한 말이다. 잘못된 용기란 예의를 갖추지 않은 것을 말한다.

예화

공자가 가장 사랑했던 제자는 안회와 자로 두 사람이었다. 이름이 알려진 제자만도 70여명 중에서 이들이 공자의 관심을 끌었던 것은 무엇일까?

자로는 본래 공자를 만나기 전에는 불량배나 다름없었다. 공자의 평판이 자자하자 자로는, "뭐가 잘난 자인지 골탕이나 먹여 주자." 하고 찾아갔다가 공자의 인품에 압도되어 자진해 제자가 된 자였다.

"자로, 자네는 무용에는 뛰어났지만 학문을 소홀히 하는군."

책망을 듣기도 했지만 일편단심 스승을 경애했고, 열심을 다했다.

어느 날 공자는 자로와 대화를 나누었다. 무슨 말 끝에 자로가 공자에게 질문했다.

"선생님께서 한 나라의 군대를 지휘하는 입장이 되신다면 어떤 인간을 의지하시렵니까?"

"바로 자로 너다."

라는 대답이 나오리라고 기대했던 자로는 그 생각을 거두어야 했다.

"범에게 맨주먹으로 달려들고 걸어서 강을 건너려고 하는 자처럼 죽음을 두려워하지 않는 사람과는 함께 하고 싶지 않다. 겁이 많을 정도로 신중을 기하며, 용의주도한 사람이 오히려 믿음직스럽게 여겨진다."

군자이건 소인이건 예로써 스스로를 철저하게 단속하여 예를 어기지 말 것을 강조했다.

② 出門에 如見大賓하고 入室에 如有人이니라
　출문　　여견대빈　　　입실　　여유인

〈曾子〉

문을 나서면 큰 손님을 대하는 것 같이 하고,
방에 들어오면 사람이 있는 것처럼 하라.

〈증자〉

한자풀이
大(대) : 크다. 넓다. 두루. 大道(대도)
賓(빈) : 손. 손님. 賓客(빈객)
室(실) : 집. 방. 室內(실내)
如(여) : 같다. 같게 하다. 따르다.
有(유) : 있다. 존재하다. 많다. 넉넉하다. 有力(유력)

해설
'낮에 하는 말은 새가 듣고 밤에 하는 말은 쥐가 듣는다'
그 어디에 있더라도 떳떳하고 부끄러움이 없이 하라는 것이다. 혼자 있을 때의 그 사람의 사는 모습을 보면 그 인간을 알 수 있다는 말이 바로 이것을 두고 하는 말이다.

예화

"새참을 가져 왔습니다. 드시지요." 새참을 받아든 남편이,

"고맙소. 새참을 마련해 가져오느라 수고가 많았습니다."

정중하게 말하며 아내를 대하는 게 아닌가.

밭에서 이렇게 하고 있는 부부를 때마침 지나가던 구계라는 벼슬아치가 보고 의아히 생각하며 바라보았다.

구계는 지금 임금의 명을 받아 기(冀)라는 고을을 지나고 있던 참이었다. 참으로 진기한 일이라 생각하며 구계는 그들 부부를 만나보았다.

그리하여 구계는 서로 공경해 마지않는 이 부부를 데리고 진문공을 만나 천거하기를,

백성을 다스린다는 것은 덕으로 하는 것이기에 이렇게 덕이 있는 사람이라면 등용해 쓰심이 좋으실 것입니다."

그러면서 구계는 덧붙여 말했다.

"문을 나서면 큰 손님을 대하는 것 같이 하고, 일을 처리함에 있어서는 제사를 지내듯 신중히 하는 것을 일러 인(仁)의 법도가 아니겠습니까?"

진문공은 구계의 청을 받아들였다. 이렇게 해서 하군대부의 벼슬에 오른 사람이 바로 "각결"이라는 사람이다. 중국 춘추전국 시대 때의 일화이다.

③ 若要人重我인대 無過我重人이니라
   약요인중아   무과아중인

〈曾子〉

만약 남이 나를 중하게 여기기를 바라거든,
내가 먼저 남을 중히 여기는 것보다 나은 것이 없다.

〈증자〉

한자풀이
若(약) : 같다. 너. 만일. 若干(약간)
要(요) : 구하다. 요구하다. 원하다. 要請(요청)
重(중) : 무겁다. 무게. 重量(중량)
我(아) : 나. 외고집. 自我(자아)
過(과) : 지나다. 심하다.

해설
"대접받고자 하면 먼저 대접하라."
"사랑받고자 하면 먼저 사랑하라."
"갖고 싶은 것이 있으면 먼저 주라."
이런 것을 가리켜 황금률이라고 한다. 그런데 '먼저'라는 것에 대해서 인간은 망설인다. 왜? 무엇 때문일까? 황금률의 법칙을 믿는다면 먼저 행하라. 그러면 원하는 것을 얻을 것이다.

예화

조조에 쫓긴 유비는 형주로 찾아 들었다. 때마침 유표가 그를 따뜻하게 맞아 주었고, 조그마한 성 신야까지 주었다. 그 덕택으로 유비는 그곳을 근거지로 머물게 되었다. 하루는 서서(徐庶)라는 사람이 찾아왔다. 대화 끝에 인재에 대한 화제를 꺼냈다.

"제갈공명은 와룡(臥龍)입니다. 장군께서 만나 보시지요."

"숨어 있는 용이라 하니 당신이 모시고 오시지요."

유비가 관심을 보이며 대답했다.

"그분은 불러 모실 수 없습니다. 이쪽에서 찾아 가야 만날 수 있습니다. 친히 가 보시지요."

조조에 쫓기는 유비라고 하지만 조그마한 성의 어엿한 군주였다.

유비는 두 번 찾아가서도 코빼기조차 볼 수 없었다. 그러기를 세 번째에 제갈양을 만날 수 있었다. 세 번 찾아간 유비가 보통 군주가 아니었다.

하지만 왕이 찾아왔다고 해서 냉큼 몸을 드러내지 않은 제갈양도 남달랐다. 그런 두 사람이 힘을 합쳤으니 조조의 간담을 서늘게 할 수 있었던 것이다.

본래 삼고초려(三顧草廬)라는 말은 삼왕초려(三往草廬)에서 나온 것이다. 왕이 자신을 찾아온 것에 대한 겸손의 표현을 제갈양은 고려했던 것이다. 그의 인품이 잘 드러나는 대목이라 할 수 있다.

學而時習(준례편)

1~4. ( )안에 적당한 글자를 하나 적으시오.

1. 子曰 君子이 有勇而無( )면 爲亂하고 小人이 有勇而無禮면 爲盜니라.

2. 曾子曰 朝廷엔 莫如爵이요 鄕黨엔 莫如( )요 輔世長民엔 莫如德이니라.

3. 若要人重我인대 無( )我重人이니라.

4. 父不言子之德하며 子不談父之( )니라.

5. 다음에서 잘못 읽은 한자는?
 ① 賂物(뇌물) ② 捺印(날인) ③ 報酬(보수) ④ 斡旋(간선)

----

1. 禮 2. 齒 3. 過, "만약 남이 나를 중하게 여김을 바란다면 내가 먼저 남을 중히 여기는 것보다 나은 것이 없느니라." 4. 過, "아버지는 아들의 덕을 말하지 말 것이며, 자식은 아버지의 허물을 말하지 아니 할지니라." 5. ④, 알선

17. 언어편(言語篇)

말을 조심해야 하는 것에 관한 글

몸 가운데에서 작은 혀가 천하를 휘두르는
힘이 있다. 말이란 약이 될수도 있고, 독이 될수도 있는 양면성을
가지고 있다. 입과 혀, 즉 언어를 어떻게 사용하느냐에 따라
하늘과 땅 차이가 있음을 가르치고 있다.

① 言不中理면 不如不言이니라
　　언부중리　　불여불언

〈劉會〉

말이 이치에 맞지 않으면 말하지 않음만 못하다.

〈유회〉

한자풀이
不(불) : 아니다. 말라. 不服(불복)
理(리) : 다스리다. 도리. 理致(이치)
如(여) : 같다. 따르다.
言(언) : 언어. 글. 문자. 발언하다. 言辯(언변)

해설
입 다물고 가만히 있으면 중간이라도 될 텐데 종알거리다가 큰 코 다쳤다는 이야기를 심심치않게 듣는다. 말이 이치에 맞으려면 논리적이어야 한다. 논리적인 말을 하려면 평소 독서량이 많아야 하고, 많은 사색 가운데에서 인생의 진리를 터득하게 된다.

출처: 劉會(유회)

중국 남조 시대때 제나라의 학자이다.

예화

일제시대에 십여 살 된 여학생이 독립운동을 했다는 이유로 일본 경찰에 잡혀왔다.

"어린 것이 무슨 까닭에 깃발을 들고 기뻐하였는가?"

소녀는 "잃어버린 물건을 다시 찾았으니 기뻤습니다."

"그것이 무엇인가?"

"삼천리 금수강산입니다."

경찰은 화가 나 소리쳤다.

"넌 어린 소녀야! 뭘 안다고 기뻐하느냐?"

어린 소녀는 어이없다는 듯이 조용히 말하기 시작했다.

"정말 뭘 모르는 말씀을 하시는군요. 얼마 전에 우리 어머니께서 바늘 하나를 잃어버리셨다가 하루 종일 찾으셨는데 저녁에야 겨우 찾으셨던 일이 있었습니다. 그 때 얼마나 기뻐하셨는지 아세요? 그런데 삼천리 금수강산을 찾았으니 바늘 찾은 기쁨에 비교하겠어요!"

② 一言不中이면 千語無用이니라
　　일언부중　　　천어무용

〈劉會〉

한 마디 말이 맞지 않으면 천 마디 말이 쓸데없다.

〈유회〉

한자풀이
中(중) : 가운데. 마음. 中心(중심)
千(천) : 일천. 많다. 千萬(천만)
無(무) : 없다. 말라. 금지하는 말. 無智(무지)
用(용) : 쓰다. 행하다. 用役(용역)

해설
거짓말탐지기의 등장은 말에 대한 심리를 추적하는 기계로서 유용하게 쓰인다. 거짓말이라는 것은 꼬리에 꼬리를 물고 거짓말을 하게 한다. 첫 단추가 잘못 끼워졌는데 그 다음은 보나 마나가 된다. 어떤 인간이 되어야 하는가. 첫단추를 잘 끼워야 하는 것을 잊지 말자.

예화

초나라의 계포라는 사람은 한 마디 말로써 신뢰만점의 대표적 인물이었다. 반드시 약속도 지켰다. 그래서 사람들은,

"황금 백근을 얻는 것은 계포의 일낙(一諾)을 얻는 것만 같지 않지요."

평판을 할 정도였던 것이다.

초나라 항우와 한나라 유방의 대결이 있게 되자 계포는 항우의 명을 받아 유방을 공격하며 괴롭혔다. 운명을 다하게 된 항우가 사면초가 속에서 자멸하게 되고 계포는 종적을 감추었다.

유방이 현상금을 내걸고 잡아들이려고 했지만 그의 자취는 묘연했다. 그를 숨겨 주는 자는 일족을 몰살한다는 포고령까지 내렸어도 잡아오는 사람이 없었다.

하지만 유방은 추적의 촉수를 늦추지 않고 계포를 뒤쫓았다. 위급해진 계포는 스스로 노예가 되어 노나라로 팔려 갔다. 그곳 주가(朱家)의 집에서 노예로 살던 도중 주인에게 신분이 들통 났지만, 오히려 그를 지켜 주었다.

얼마 뒤 유방의 신하 하우영이

"계포를 사면해 주십시오. 그는 약속을 어기지 않는 훌륭한 인물입니다."

유방도 그를 사면해 주고 장군으로 발탁해 인재로 썼던 것이다.

③ 口舌者는 禍患之門이요 滅身之斧也니라
　　구설자　　화환지문　　　　멸신지부야

〈君平〉

입과 혀는 재앙과 근심의 문이요, 몸을 망치는 도끼이다.

〈군평〉

한자풀이
舌(설): 혀, 舌禍(설화)
禍(화): 재화, 불행, 禍根(화근)
門(문): 문, 출입문, 문간, 문전, 집안, 大門(대문)
患(환): 근심, 고통, 憂患(우환)
滅(멸): 멸망한다. 끄다. 滅種(멸종)

해설
배는 자그마한 키(방향타) 하나로 방향을 조정해 목적지에 도달할 수 있다. 사람의 입은 몸 전체에 비해 지극히 작다. 우리는 선한 삶을 살기 위해 스스로 재갈을 물릴 줄 알아야 한다. 한번 뱉은 말은 다시 담을 수 없고, 상대에게 상처 준 말은 치료하기가 어렵다.

출처: 君平(군평)

한(漢) 나라 때 점을 잘 쳐서 문전성시를 이루었다. 하루면 많은 점괘를 빙자하여 사람들에게 충효와 신의를 가르쳤고, 하루 생계가 마련되면 발을 내리고 손님을 받지 않았다고 한다.

예화

중국 삼국 시대의 조조는 영리한 사람이었다. 하지만 자기보다 잘난 사람은 가차없이 처단해 버리는 잔학성이 있는 뛰어난 인물이었다.

그런 그에게 혀를 잘못 놀렸다가 죽음에 이른 사람이 적잖았다. 그 중에 양수(楊脩)라는 사람이 있었다. 조조의 마음 속에 양수는 요주의 인물로 새겨졌다. 양수의 말하는 것과 하는 짓이 어느 누구도 따를 수 없는 영리함으로 가득했다. 조조는 그를 죽이기로 했다.

"나보다 더 똑똑한 놈이 있으면 안 돼."

그것도 모르고 양수는 계속 잘난 소리를 했다.

드디어 양수는 죽임을 당했다.

조조의 마음을 환히 꿰뚫어 보는 말을 하는 데에 조조는 더는 참을 수 없었던 것이다. 죄목은 아래와 같다.

"양수는 입과 혀를 놀려 우리들의 마음을 어지럽히고 있다. 내 생각과 마음을 제대로 헤아리지 못하는 말을 함부로 했던 것이다."

學而時習(언어편)

다음 괄호에 넣으면 알맞은 한자를 적으시오.

1. 言不中( )면 不如不言이니라.

2. 一言不中이면 ( )語無用이니라.

3. 口舌者는 禍患之( )이요 滅身之斧也이니라.

4. ( )是傷人斧요 言是割舌刀니 閉口深藏舌이면 安身處處牢니라.

5. ( )逢知己千鍾少요 話不投機一句多니라

----

1. 理, "말이 이치에 맞지 않으면 말하지 아니함만 못하느니라." 2. 千, "한 마디 말이 맞지 않으면 천 마디 말이 쓸데 없느니라." 3. 門, "입과 혀는 화와 근심의 근본이며, 몸을 망하게 하는 도끼와 같은 것이니 말을 삼가야 할지니라." 4. 口, "입은 사람을 상하게 하는 도끼요, 말은 혀를 베는 칼이니, 입을 막고 혀를 깊이 감추면 몸이 어느 곳에 있으나 편안할 것이니라." 5. 酒, "술은 나를 아는 친구를 만나면 천 잔도 적고, 말은 뜻이 맞지 않으면 한 마디도 많으니라."

18. 교우편(交友篇)

친구와의 사귐에 관한 글

인간관계에서 벗은 중요하다.
사람은 겪어보고 세월이 흘러야
그 진실됨을 알 수 있음을 가르치고 있다.

① 相識이 滿天下하되 知心能幾人인고
　상식　　　만천하　　　　지심능기인

〈孔子〉

서로 아는 사람이 천하에 가득하여도
마음을 아는 사람은 능히 몇 사람이나 되겠는가?

〈공자〉

한자풀이
相(상) : 서로. 바탕. 相面(상면)
識(식) : 알다. 판별하다. 識者(식자)
知(지) : 알다. 분별하다. 知彼知己(지피지기)
幾(기) : 몇. 기미. 낌새. 조짐. 幾微(기미)

해설
인간은 근본적으로 고독한 존재이기 때문에 아무리 사람들 속에 있다고 해도 고독에서 벗어날 수 없다. '군중 속의 고독', 친구가 아무리 많아도 외로움에서 벗어날 수 없고, 그 많은 친구 중에서도 자기를 바로 알아주는 사람은 몇 되지 않는다. 그래서 사람의 일생은 마음을 알아주는 사람을 찾는 일일지도 모른다. 자기 마음을 알아주는 남편, 아내, 마음을 알아주는 친지. 그런 사람을 만나면 모든 것을 주고 싶어지는 것이다.

예화

춘추 전국 시대 때 거문고의 명인이라면 백아(伯牙)를 꼽았다. 그 뛰어난 솜씨를 가장 잘 알아주는 사람이 친구 종자기(種子期)였다. 백아가 높은 산을 묘사한 곡을 탄주하면 종자기는 태산 같은 높은 산이라고 알아 맞추었다.

소나기가 퍼붓는 광경을 묘사하고, 흙더미가 빗물에 무너져 내리는 장면을 묘사하는 곡을 연주했는데, 종자기는 그 곡이 무엇인지 어긋남이 없이 알아맞혔다.

백아는 잡고 있던 거문고를 놓으면서,

"정말 자네는 잘도 맞추네. 어쩌면 그리도 자네 마음이 내 마음과 꼭 들어맞는가!"

하고 종자기를 친구로서 극찬했던 것이다. 그런 종자기가 죽었다. 백아는 자기를 알아주는 친구를 잃은 게 원통해 슬퍼하였다. 슬픔이 컸기에 백아는 거문고의 줄마저 끊어버렸다. 자기의 음악을 진정으로 알아주는 친구가 없는데 그 음악이 무슨 소용이 있겠는가! 백아는 거문고를 다시는 타지 않았다.

이때 생겨난 용어가 지음(知音)이라는 것이다. 음악을 이해한다는 뜻의 지음이라는 말은 '서로 마음이 통하는 친구'로서의 의미도 통한다.

② 酒食兄弟는 千個有로되 急難之朋은 一個無니라
　주식형제　　천개유　　　급난지붕　　일개무

〈孔子〉

술과 음식을 나눌 때 형이니 아우니 하는 친구는 천으로 많아도 위급할 때의 벗은 하나도 없다.

〈공자〉

한자풀이
兄(형) : 맏이. 형. 兄弟(형제)
個(개) : 낱. 개. 個體(개체)
急(급) : 급하다. 빠르다. 危急(위급)
難(난) : 어렵다. 재앙.
朋(붕) : 벗. 친구. 무리.

해설
진정한 친구인지 아닌지는 위급할 때 처신하는 모습을 보면 알 수 있다. 평소에 목숨을 내놓을 것처럼 절친하던 친구라고 해도 어려움에 빠진 친구를 나 몰라라 쳐다보지도 않는다면 친구라 할 수 없다.

예화

당송 팔대가의 한 사람인 유종원이 좌천되었다. 동료인 유몽득도 지방으로 좌천되자 유종원은 가슴이 아팠다. 무엇보다 유몽득이 모시고 있는 홀어머니에게 좌천 사실을 알릴 수 없어 하는 모습이 눈물겨웠다.

"여보게, 어떻게 어머니에게 알릴 수 있겠는가, 좌천되어 갈 곳이 사람이 살 곳이 아니란 말일세."

유몽득의 이런 말을 들은 유종원은 눈물을 흘리며 말했다.

"어머니께 말씀 드리지 못하며 난처해 하는 자네 모습을 차마 볼 수 없네. 어찌 그런 곳에 늙은 어머니를 모실 수 있겠는가, 차라리 자네를 대신해 내가 자청해 그곳으로 가겠네."

한유는 그의 저서 '유자후묘지명'에 유종원과 유몽득의 우정을 기리는 글을 다음과 같이 남겼다.

'평소에 사람들은 겸손을 보이며 손을 잡고, 간과 쓸개를 꺼내어 서로 보이고, 태양을 가리키며 변하지 않겠다는 맹세를 한다.'

그런데, 간을 꺼내어 보이면서까지 맹세한 사람들이 아주 사소한 일에 등을 돌려 헤어지고 만다. 유종원과 유몽득의 우정을 기린 한유의 사자성어가 간담상조(肝膽相照)이다.

③ 不結子花는 休要種이요 無義之朋은 不可交니라
　불결자화 휴요종　　　무의지붕　　불가교

〈孔子〉

열매를 맺지 않는 꽃은 심지 말고
의리없는 친구는 사귀지 말라.

〈공자〉

> **한자풀이**
> 結(결) : 맺다. 열매를 맺다.
> 花(화) : 꽃. 꽃답다. 아름다운 것의 비유. 花卉(화훼)
> 休(휴) : 쉬다. 그만두다.
> 種(종) : 씨. 씨를 심다. 種子(종자)
> 交(교) : 사귀다. 주고받고 하다. 서로. 交際(교제)
>
> **해설**
> 씨가 좋아야 좋은 열매를 맺고, 의리가 있어야 서로의 길흉사를 함께 헤쳐 나갈 수 있는 게 세상이다. 의리라는 것은 이해타산을 넘는 정의로운 마음인데, 이것이 사라진 세상은 열매 없는 나무와 같다. 오늘날 권력과 황금에 눈이 어두워 의리는 개차반으로 여기는 경향이 되었는데, 극도의 이기주의와 경쟁주의로 각박해졌기 때문이다.

예화

춘추 전국 시대 노나라 사람 '양호'는 여러 사람을 관직에 천거해 주었다. 그러나 나중에 그가 곤경에 처했을 때 아무도 그를 도와주는 사람이 없었다.

이 '양호'를 두고 조나라의 간주라는 사람은 "군자는 사람을 심는 일에 신중을 기해야 하지요. 마치 탱자나무나 가시나무를 심은 사람이 나중에 그 가시에 찔린다고 하잖았소. 심을 때의 목적은 과일을 따먹을 뜻에서 한 것인데 말이오."라며 말했다.

간주가 그런 말을 한 데는 그만한 이유가 있었다. '양호'가 노나라에서 반란을 일으키고 제나라로 도망을 쳤고, 또 그곳에서도 또 조나라로 도망을 갔던 것이다.

그래서 간주가 '양호'에게 묻기를,

"사람을 천거해 심어두는데 왜 그렇게 되었습니까?"라고 묻자 '양호'의 대답은 뜻밖이었다.

"노나라에 있을 때는 세 사람을 천거해 모두 다 고을의 수령이 되었는데 노나라에서 죄를 짓자 이들 셋 모두 나를 잡으려 하지 않겠습니까! 제나라에 가서도 세 사람을 천거해 높은 자리에 오르게 해 줬는데 그 하나는 저를 본체도 하지 않았고, 또 하나는 저를 잡으려 했고, 또 하나는 뒤쫓아와 잡으려 했습니다."

"허참, 사람 심는 일은 정말 신중해야겠습니다." 인간이 얼마나 의리가 없는지를 단적으로 이야기해 주는 사례입니다.

④ 路遙知馬力이요 日久見人心이니라
　　노요지마력　　　　일구견인심

〈孔子〉

길이 멀어야 말의 힘을 알 수 있고,
시일이 오래 지나야 사람의 마음을 볼 수 있다.

〈공자〉

한자풀이
遙(요) : 멀다. 거닐다. 逍遙(소요)
馬(마) : 말. 크다. 馬車(마차)
久(구) : 오래다. 변하지 아니하다. 永久(영구)
日(일) : 해. 태양. 햇볕. 햇빛. 日出(일출)
見(견) : 보다. 생각해 보다. 見本(견본)

해설
열 길 물 속은 알아도 한 길 마음속은 모른다는 것처럼 그 사람의 진면목을 알기란 세월을 거쳐야 알 수 있는 것이다. 그러니 함부로 외양만 보고 상대를 깔보거나 업신여긴다면 안된다. 포도주는 묵은 것일수록 맛이 있고, 친구도 오래된 친구가 진면목이 있는 것이다. 세월을 거치지 않고 참된 모습을 알 수 없는 게 세상사다.

예화

조나라의 왕자 평원군의 집에는 늘 수많은 식객이 들끓었다. 선비를 후하게 대하는 평원군의 배려 때문이었다. 한번은 진나라 군사가 조나라를 쳐들어왔다.

서울 한단을 포위하자, 조나라는 평원군을 사절로 보내 초나라와 동맹을 맺기로 했다. 평원군은 식객 중 용기와 재주가 뛰어난 자 20명을 데리고 가려고 선발을 했다. 19명은 채웠는데 나머지 한 명이 마땅한 자가 없었다. 그 때에 모수(毛遂)라는 자가 자원했다. 평원군이 본 적이 없는 얼굴이었다.

"언제 내 집에 들어왔는가?" "3년 되었습니다."

"한번도 자네 이름을 들어본 적이 없다. 무릇 뛰어난 사람이라면 주머니 속의 송곳처럼(囊中之錐) 그 재주가 드러나게 마련인데, 그대는 3년 동안 그렇지 못했다."

"그건 오늘 처음으로 주머니에 넣어 달라고 원했기 때문이 아니겠습니까? 일찍부터 넣어 주셨더라면 송곳 끝이 아니라 송곳의 자루까지 드러났을 것입니다."

"어허, 자네 말이 일리가 있구나. 함께 가도록 하게."

초나라에 따라간 모수는 어떠했을까? 초나라와의 협상을 이뤄내는 큰 일을 해냈던 것이다.

學而時習(교우편)

1~5. 다음 (   )안에 들어갈 한자를 하나씩 적으시오.

1. 與(   )人居에 如入芝蘭之室하여 久而不聞其香하되 卽與之化矣요

2. 與(   )人同行에 如霧露中行하야 雖不濕衣라도 時時有潤하다.

3. 相識이 滿天下하되 知(   )能幾人고.

4. 君子之交는 (   )如水하고 小人之交는 甘若醴니라.

5. 路(   )知馬力이요 日久見人心이니라.

----

1. 善, "착한 사람과 같이 살면 향기로운 지초와 난초가 있는 방안에 들어간 것과 같아서 오래도록 그 냄새를 알지 못하나 곧 더불어 그 향기가 동화된다." 2. 好, "학문을 좋아하는 사람과 동행한다면 마치 안개 속을 가는 것과 같아서 비록 옷은 적시지 않더라도 때때로 윤택함이 있다." 3. 心, "서로 얼굴을 아는 사람은 온 세상에 많이 있으되 마음을 아는 사람이 몇이나 되겠는고." 4. 淡, "군자의 사귐은 맑기가 물 같고, 소인의 사귐은 달콤하기가 단술 같으니라." 5. 遙

19. 부행편(婦行篇)

아내의 도리에 관한 글

여자에게 4가지의 아름다운 덕이 있으며
한 가정을 행복하게 하는 기본은
그 덕을 실행하는 것이라고 가르치고 있다.

① 女有四德之譽하니 一曰婦德이요
　여유사덕지예　　　일왈부덕
二曰婦容이요 三曰婦言이요 四曰婦工也니라
　이왈부용　　　삼왈부언　　　사왈부공야

〈益智書〉

여자에게 네 가지 덕의 아름다움이 있으니
첫째는 부덕이요, 둘째는 부용이요, 셋째는 부언이요,
넷째는 부공이다.

〈익지서〉

한자풀이
德(덕) : 덕. 행위. 어진이. 德望(덕망)
容(용) : 얼굴. 모습. 몸가짐. 容貌(용모)
婦(부) : 며느리. 아내. 여자. 婦人(부인)
譽(예) : 기리다. 가상히 여기다. 名譽(명예)

해설
마음씨, 맵씨, 말씨, 솜씨 좋은 여자가 이뤄내는 가정은 말 그대로 행복이 가득한 집이 될 것이다. 그 행복을 남자 또한 같은 덕목을 갖춰 함께 한다면 정말 금상첨화가 아니겠는가!

예화

아비가 시집갈 딸을 앞에 놓고 가르치고 있었다.

"첫째, 부덕이란?" "반드시 총명함이 뛰어남을 말하는 것은 아니다."

"둘째, 부용이란?" "반드시 얼굴이 아름답고 고움을 말함이 아니다."

"셋째, 부언이란?" "반드시 구변이 좋아 말을 잘하는 것을 말함이 아니다."

"그럼, 넷째, 부공이란?" "반드시 손재주가 남보다 뛰어남을 말함이 아니다."라고 강조하는 것이었다.

아비된 자는 딸이 사덕(四德)을 잘 지켜 시집가서 잘 살 수 있기를 내심 빌지 않을 수 없었다. 그렇게 생각하며 그간 가르쳐온 익지서의 사덕을 다시 한번 풀이해 주었다.

"절개가 곧으며 분수를 지켜 몸가짐에 있어서 부끄러움을 알고 행동을 법도에 맞게 하는 것이 부덕이란다. 먼지나 때가 없게 깨끗이 빨아 옷차림을 정결하게 하며, 목욕을 제때에 하여 몸에 더러움을 없게 하는 것이 부용이란다. 말을 가려서 하고, 예의에 어긋나는 말을 하지 않고, 꼭 해야 할 때에 말해서 사람들이 그 말을 싫어하지는 않는 것이 부언이란다. 가사일에 부지런하고 술을 좋아하지 않고, 맛좋은 음식을 장만하여 손님을 접대하는 것이 부공이란다."

② 賢婦는 令夫貴요 佞婦는 令夫賤이니라
　　현부　　영부귀　　영부　　영부천

〈太公〉

어진 아내는 남편을 귀하게 하고, 악한 아내는 남편을 천하게 한다.

〈태공〉

한자풀이
令(영) : 영. 우두머리. ~로 하여금 ~하게 하다.
貴(귀) : 귀하다. 신분이 높다. 빼어나다. 우수하다. 귀히 여기다. 貴賓(귀빈)
夫(부) : 지아비. 사나이. 장정. 大丈夫(대장부)
賤(천) : 천하다. 신분이 낮다. 貴賤(귀천)

해설
어질다는 것은 너그럽다와 관련이 있고, 악하다는 것은 속 좁은 것과도 통할 수 있다. 서로가 부족함이 많은 게 남자와 여자이다. 남자나 여자는 각기 다 허물이 있고 모자람이 있지만 그것을 덮어주며 상대를 높이며 사는 것이 사람의 길이라는 것이다.

예화

아내를 맞은 그날 밤, 허윤은 마지못해 신방에 들어갔다. 생각했던 대로 신부를 마주 대하자 더 이상 참기 어려웠다. 방을 나서려는데 신부가 그의 옷깃을 잡았다.

"제 용모 때문에 그러시는가요?"

그 말대로 신부 완덕여는 얼굴이 잘 생기지 못했다. 이런 색시가 그의 옷깃을 잡은 것이었다. 허윤은 뿌리칠 수 없어 대신 질문을 던졌다.

"예부터 부인된 자에게 사덕(四德)이라는 게 있소. 몇 가지를 갖췄소이까?"

"보시다시피 제게는 용모는 없습니다. 하지만 제가 여쭤 보겠습니다. 선비에겐 백행(百行)이 있다 하는데, 몇 가지를 갖추셨는지요?"

신부의 의외의 말에 허윤은 잠깐 놀랐다.

"다 갖추었소이다." 신부는 조용히 말했다.

"듣기로 백행 중에 덕행이 제일이라 하더군요. 그런데 당신께서는 여색을 좋아하면서 덕은 좋아하지 않으시는 것 같습니다. 백행을 다 갖췄다는 말은 아무래도 허언이 아니겠습니까?"

신부의 말이 허윤의 가슴을 찔렀다. 잡았던 문고리를 놓고 그 손으로 신부의 손을 잡았다. 부끄러웠지만 좋은 색시를 얻었다는 것을 깨달았다.

완덕여라는 여인은 얼굴은 못생겼지만 지혜와 덕이 있는 여자였다. 역경도 잘 헤쳐 나가며 남편을 받들었다.

③ 賢婦는 和六親하고 佞婦는 破六親이니라
　　현부　　화육친　　　영부　　　파육친

〈太公〉

어진 아내는 육친을 화목하게 하고,
간악한 아내는 육친의 화목을 깨뜨린다.

〈태공〉

한자풀이
賢(현) : 어질다. 어진 사람. 賢淑(현숙)
和(화) : 화하다. 합치다. 和親(화친)
親(친) : 친하다. 사랑하다. 가깝다. 화목하다. 친히. 손수. 親知(친지)
破(파) : 깨뜨리다. 일을 망치다. 破綻(파탄)

해설
못난 구석밖에 없던 남편의 집안도 어진 아내를 맞아들인 이후, 흥하고 평화를 누리는 우리의 이웃이 얼마든지 있는 것을 보게 되는 것을! 여자는 집안의 행복만들기의 마법을 지니고 있는 것이다.

예화

"정경부인은 곧은 성품에 어진 분이시지요. 어려운 친척도 돕다 보니 화목한 일가를 이루시는 것이지요."

하지만 같은 마을에 살면서 그렇지 못한 정부인이 있었다. "그 정부인은 권세가에 아부하고 자기 이익 챙기기에 급급해 한다지요."

고려의 서울 개경(지금의 개성)의 한 마을에 이렇게 다른 두 부인이 살고 있어서 그 당시 입에 오르내리고 했다. 당연히 사람들은 정경부인에게 호감을 품었고, 정부인에게는 거부감을 가졌다. 세월이 흐르면서 정경부인의 어진 덕을 잊지 않고 존경하는 마음을 갖다 보니 날로 집안이 더 잘 되어 갔다. 그런 반면 정부인네 집안은 기울기 시작했다.

정부인은 남편의 벼슬을 이용해 몰래 사람들로부터 뇌물을 받으며 재물을 쌓았기 때문이었다. 어느 날 도적들이 난입해 들어와 돈과 재물을 남기지 않고 털어가는 사건이 벌어졌다. 하루아침에 빈털털이가 되고 말았다. 엎친 데 덮친다더니 뇌물을 받고 온갖 죄악을 저지른 일이 조정에 탄로가 나 남편이 벼슬에서 쫓겨나고 말았다.

집안은 풍비박산이 났다. 부모 형제가 흩어지고, 자식들마저 헤어져야 했으며, 일가 친척들까지 피해를 입게 되었다. 한 집안의 부인이 저지른 잘못이 집안을 폐허처럼 망쳐놓은 것이다. 반면 정경부인댁은 대대로 벼슬을 하며 마을과 친인척에 덕을 끼쳤던 것이다.

學而時習(부행편)

1. 『益智書에 云하되 女有四德之譽하니 一曰婦德이요 二曰婦容이요 三曰婦言이요 四曰婦( )也니라.』 여기에서 ( )에 적합한 솜씨를 뜻하는 한자는?

2. 婦人之禮는 語必( )니라.

3. 賢婦는 令夫貴요 ( )婦는 令夫賤이라.

4. 家有( )妻면 夫不遭橫禍니라.

5. 賢婦는 和六親하고 ( )婦는 破六親이니라.

----

1. 工, 2. 細, "부인의 말이 반드시 곱고 가늘어야 하느니라." 3. 惡 또는 侫, "어진 부인은 남편을 귀하게 하고, 악한 부인은 남편을 천하게 하느니라." 4. 賢, "집에 어진 아내가 있으면 그 남편이 뜻밖에 화를 만나지 않느니라." 5. 侫(영, 아첨하다. 간악하다),

제 2 부
부록

1. 제1부 명심보감의 해설에서 누락된 글 모음

2. 추적선생의 명심보감 편찬 후 추가·보완된 글 모음
   추적(秋適) 선생이 명심보감을 편찬한 것은 고려 충렬왕(재위; 1274~1298) 때이니 지금으로부터 약 700년 전의 일이다. 그 후 원문의 내용에 부합되는 문장을 5편(총 20장) 더 보완하여 오늘날은 총24편 281장에 이르고 있다. 가장 최근에 보완된 것은 조선 철종 때의 이야기도 포함되어 있다. 보완된 각 편의 요지는 다음과 같다.

   20) 증보편(增補篇) ; 사람이 선한 행실을 쌓았을 때의 인과응보에 대한 이야기
   21) 팔반가 팔수편(八反歌 八首篇) ; 제 자식은 끔찍하게 사랑하면서도 부모에게는 소홀히 하는 8가지 사례
   22) 효행편(孝行篇) ; 효부 효자에 대한 구체적인 실례와 일화
   23) 염의편(廉義篇) ; 군자가 지켜야 할 청렴과 미담 이야기
   24) 권학편(勸學篇) ; 학문의 필요성과 정진하는 바른 자세

3. 원문 출처 찾아보기

1. 제1부 명심보감의 해설에서 누락된 글 모음

1) 繼善篇(계선편)

① 馬援曰 終身行善이라도 善猶不足이요 一日行惡이라도 惡自有餘니라.

- 마원이 말하기를 "한평생 착한 일을 행하여도 착한 것은 오히려 부족하고, 단 하루 동안 악한 일을 행하여도 악은 스스로 남아 있느니라."고 하셨다.

② 子曰 見善如不及하고 見不善如探湯하라.

- 공자가 말하기를 "착한 것을 보거든 미치지 못하는 것과 같이 하고, 악한 것을 보거든 끓는 물을 더듬는 것과 같이 하라."고 하셨다.

2) 天命篇(천명편): 해당없음

3) 順命篇(순명편)

① 時來風送 藤王閣이오 運退雷轟 薦福碑라.

- 때가 이르니 바람이 등왕각으로 보내고, 운이 없으니 벼락이 천복비에 떨어지느니라.

② 列子曰 痴聾痼瘂도 家豪富요, 智慧聰明도 却受貧이라. 年月日時 該載定하니 算來由命不由人이니라.

- 열자가 말하기를 "어리석고 귀먹고 고질이 있고 벙어리라도 집은 큰 부자요, 지혜 있고 총명하지만 도리어 가난하니라. 운수는 해와 달과 날과 시가 분명히 정하여 있으니, 계산해 보면 부귀는 사람으로 말미암음에 있지 않고 천명에 있는 것이다."고 하셨다.

4) 孝行篇(효행편): 해당없음

5) 正己篇(정기편)

① 景行錄에 曰 保生者는 寡慾하고 保身者는 避名이니 無慾은 易나 無名은 難이니라.

- 《경행록》에 이르기를, "삶을 보전하려는 자는 욕심을 적게 하고 몸을 보전하려는 자는 이름 내기를 피한다. 욕심을 없이 하기는 쉬우나 이름을 내지 않기는 어려우니라."고 하셨다.

② 孫眞人養生銘에 云 怒甚偏傷氣오 思多太損神이라 神疲心易役이오 氣弱病相因이라 勿使悲歡極하고 當令飲食均하며 再三防夜醉하고 第一戒晨嗔하라.

- 손진인의 《양생명》에 이르기를 "성내기를 심히 하면 기운을 상하고, 생각이 많으면 크게 정신을 상한다. 정신이 피로하면 마음이 수고로워지기 쉽고, 기운이 약하면 병이 따라 일어난다. 슬퍼하는 것과 기뻐하는 것을 심하게 말 것이며 음식은 마땅히 고르게 하고 밤에 술취하는 것을 거듭 금하며, 첫째로 새벽녘에 성내는 것을 경계하라."고 하셨다.

③ 景行錄에 曰 食淡精神爽이오 心淸夢寐安이니라.
- 《《경행록》》에 이르기를, "음식이 깨끗하면 마음이 상쾌하고, 마음이 맑으면 잠을 편히 잘 수 있느니라."고 하셨다.

④ 近思錄에 云 懲忿을 如救火하고 窒慾을 如防水하라.
- 《《근사록》》에 이르기를, "분노를 징계하기를 불 끄듯이 하고, 욕심 막기를 물을 막듯이 하라."고 하셨다.

⑤ 筍子曰 無用之辯과 不急之察을 棄而勿治하라.
- 순자가 말하기를, "쓸데 없는 말과 급하지 아니한 일은 그만 두고 다스리지 말라."고 하셨다.

⑥ 凡戲는 無益이오 惟勤이 有功이니라.
- 모든 희롱하는 놀이는 이로움이 없고 오직 부지런한 것만이 공이 있느니라.

⑦ 太公이 曰 瓜田에 不納履하고 李下에 不整冠이니라.
- 태공이 말하기를, "남의 외 밭을 지날 때에는 신을 고쳐 신지 말 것이요, 남의 오얏나무 아래에선 갓을 고쳐 쓰지 말 것이니라."고 하셨다.

⑧ 景行錄에 曰 心可逸이언정 形不可不勞요 道可樂이언정 心不可不憂니 形不勞則怠惰易弊하고 心不憂則荒淫不定이라 故로 逸生於勞而常休하고 樂生於憂而無厭하나니 逸樂者는 憂勞를 豈可忘乎아.
- 《경행록》에 이르기를, "마음은 편할지언정 육신은 수고롭지 않을 수

없고, 도는 즐거울지언정 마음은 걱정하지 않을 수 없다. 육신은 수고롭게 하지 않으면 게을러서 허물어지기 쉽고 마음이 걱정하지 않으면 주색에 빠져서 행동이 일정하지 않다. 그러므로 편안함은 수고로움에서 생기어 항상 기쁠 수 있고 즐거움은 근심하는데서 생기어 싫증이 없으니 편안하고 즐거운 자가 근심과 수고로움을 어찌 잊을 수 있겠는가?"고 하셨다.

⑨ 耳不聞人之非하고 目不視人之短하고 口不言人之過라야 庶幾君子니라.

- 귀로 남의 그릇됨을 듣지 말고, 눈으로 남의 모자람을 보지 말고, 입으로 남의 허물을 말하지 말아야 이것이 군자이니라.

⑩ 宰予晝寢이어늘 子曰 朽木은 不可雕也요 糞土之墻은 不可圬也니라.

- 재여가 낮잠을 자거늘 공자가 말하기를, "썩은 나무는 새기지 못할 것이고, 썩은 흙으로 쌓은 담은 흙손질을 할 수 없느니라."고 하셨다.

⑪ 紫虛元君誠諭心文에 曰 福生於淸儉하고 德生於卑退하고 道生於安靜하고 命生於和暢이니라. 憂生於多慾하고 禍生於多貪하고 過生於輕慢하고 罪生於不仁이니라. 戒眼莫看他非하고 戒口莫談他短하고 戒心莫自貪嗔하고 戒身莫隨惡伴하라. 無益之言을 莫妄說하고 不干己事를 莫妄爲하라. 尊君王孝父母하며 敬尊長奉有德하고 別賢愚恕無識하라. 物順來而勿拒하며 物旣去而勿追하고 身未遇而勿望하며 事已過而勿思하라. 聰明도 多暗昧요 算計도 失便宜니라. 損人終自失이오 依勢禍相隨라. 戒之在心하고 守之在氣라 爲不節而亡家하고 因不廉而失位니라. 勸君自警於

平生하나니 可懼可警而可畏니라. 上臨之以天鑑하고 下察之以地祇라. 明有王法相繼하고 暗有鬼神相隨라. 惟正可守요 心不可欺니 戒之戒之하라.

- 자허원군의《성유심문》에서 말하기를 "복은 검소하고 맑은 데서 생기고 덕은 겸손하고 사양하는 데서 생기며, 도는 편안하고 고요한 데서 생기고, 생명은 마음이 부드럽고 밝은 곳에서 생긴다. 근심은 욕심이 많은 데서 생기고, 재앙은 탐욕이 많은 데서 생기며, 잘못은 경솔하고 교만한 데서 생기고, 죄악은 어질지 못한 데서 생긴다.

눈을 경계하여 다른 사람의 그릇된 것을 보지 말고, 입을 경계하여 다른 사람의 결점을 말하지 말고, 마음을 경계하여 탐내고 성내지 말며, 몸을 경계하여 나쁜 벗을 따르지 말라.

유익하지 않은 말은 함부로 하지 말고 내게 관계 없는 일은 간섭하지 말라. 임금을 높이어 공경하고 부모에게 효도하여 웃어른을 삼가 존경하고 덕이 있는 이를 받들며 어질고 어리석은 것을 분별하고 무식한 자를 꾸짖지 말고 용서하라.

모든 일이 순리로 오거든 물리치지 말고, 이미 지나갔거든 쫓지 말며 몸이 불우에 처했더라도 바라지 말고 일이 이미 지나갔거든 생각하지 말라. 총명한 사람도 어리석을 때가 많고 계획을 치밀하게 세워 놓았어도 편의를 잃는 수가 있다.

남을 손상케 하면 마침내 자기도 손실을 입을 것이요 권세에 의존하면 재앙이 따른다. 경계하는 것은 마음에 있고 지키는 것은 기운에 있다. 절약하지 않음으로써 집을 망치고 청렴하지 않음으로써 지위를 잃는다.

그대에게 평생을 두고 스스로 경계할 것을 권고하나니 가히 놀랍게 여겨 경계하고 두려워할지니라. 위에는 하늘의 거울이 임하여 있고 아래에는 땅의 신령이 살피고 있다. 밝은 곳에는 임금의 법이 이어 있고 어두운 곳에는 귀신이 따르고 있다. 오직 바른 것을 지키고 마음은 가히 속이지 못할 것이니 경계하고 경계할 것이니라."고 하셨다.

6) 安分篇(안분편)

① 濫想은 徒傷身이오 妄動은 反致禍니라.
- "쓸데 없는 생각은 다만 정신을 상할 뿐이요, 망령된 행동은 도리어 재앙만 불러 일으키느니라."

② 知足常足이면 終身不辱하고 知止常止면 終身無恥니라.
- "넉넉함을 알아 항상 만족하면 종신토록 욕되지 아니하고, 그칠 줄 알아 늘 그치면 종신토록 부끄러움이 없느니라."

③ 子曰 "不在其位하여도 不謀其政"이라.
- 공자 가로대, "그 지위에 있지 않으면 그 정사를 꾀하지 않는다."

7) 存心篇(존심편)

① 擊壤詩에 云 富貴를 如將智力求인대 仲尼는 年少合封侯라 世人은 不解靑天意하고 空使身心半夜愁이니라.
- 《격양시》에 이르기를, "부귀를 지혜와 힘으로 구할 수 있다면 중니(공자)는 젊은 나이에 마땅히 제후에 봉해졌을 것이다. 세상 사람들은 푸른 하늘의 뜻을 알지 못하고 헛되이 몸과 마음으로 하여금 한 밤중에 근심하게 하느니라."고 하셨다.

② 范忠宣公이 戒子第曰 人雖至愚나 責人則明하고 雖有聰明이나 恕己則昏이니 爾曹는 但當以責人之心으로 責己하고 恕己之心으로 恕人則 不患不到聖賢地位也이니라.

- 범충선공이 아들을 경계하여 말하기를 "자신은 비록 어리석을지라도 남을 책하는 데는 밝고, 비록 재주가 있다 해도 자기를 용서하는 데는 어둡다. 너희들은 마땅히 남을 책하는 마음으로써 자기를 꾸짖고, 자기를 용서하는 마음으로써 남을 용서한다면 성현의 경지에 이르지 못할 것을 근심할 것이 없느니라."고 하셨다.

③ 素書에 云 薄施厚望者는 不報하고 貴而忘賤者는 不久니라.

- 〈〈소서〉〉에 이르기를, "박하게 베풀고 후한 것을 바라는 자에게는 보답이 없고, 몸이 귀하게 되고 나서 천했던 때를 잊는 자는 오래 계속하지 못하느니라."고 하였다.

④ 孫思邈이 曰 膽欲大而心欲小하고 知欲圓而行欲方이니라.

- 손사막이 말하기를, "담력은 크게 가지도록 하되 마음가짐은 섬세해야 하고 지혜는 원만하도록 하되 행동은 방정하도록 해야 하느니라."고 하셨다.

⑤ 念念要如 臨戰日하고 心心常似 過橋時니라.

- "생각하는 것은 항상 싸움터에 나아갔을 때와 같이 하고 마음은 언제나 다리를 건너는 때와 같이 조심해야 하느니라."

⑥ 人無百歲人이나 枉作千年計니라.

- "사람은 백 살을 사는 사람이 없건만 부질없이 천년의 계획을 세우느니라."

⑦ 寇萊公六悔銘에 云 官行私曲失時悔요 富不儉用貧時悔요 藝不少學過時悔요 見事不學用時悔요 醉後狂言醒時悔요 安不將息病時悔니라.
- 구래공의 〈〈육회명〉〉에 이르기를, "벼슬아치가 사사로운 일을 행하면 벼슬을 잃을 때 뉘우치게 되고, 부유했을 때에 아끼어 쓰지 않으면 가난해졌을 때 뉘우치게 되고, 재주를 어렸을 때 배우지 않으면 시기가 지났을 때 뉘우치게 되고, 사물을 보고 배우지 않으면 필요하게 되었을 때 뉘우치게 되고, 취한 뒤에 함부로 말하면 술이 깨었을 때 뉘우치게 되고, 몸이 건강했을 때 조심하지 않으면 병이 들었을 때 뉘우치개 되느니라."고 하였다.

⑧ 益智書에 云 寧無事而家貧이언정 莫有事而家富요 寧無事而住茅屋이언정 莫有事而住金屋이요 寧無病而食麤飯이언정 莫有病而服良藥이니라.
- 《익지서》에 이르기를, "차라리 아무 사고 없이 집이 가난할지언정 걱정이 있는 부자집이 되지 말 것이요, 차라리 아무 사고 없이 오두막 집에서 살지언정 걱정이 있으면서 좋은 집에서 살지 말 것이요, 차라리 병이 없이 거친 밥을 먹을지언정 병이 있어 좋은 약을 먹지 말 것이니라."고 하였다.

⑨ 景行錄에 云 責人者는 不全交요 自恕者는 不改過니라.
- 〈〈경행록〉〉에 이르기를, "남을 꾸짖는 자는 사귐을 온전히 할 수 없고, 자기를 용서하는 자는 허물을 고치지 못하느니라."고 하였다.

⑩ 夙興夜寐하여 所思忠孝者는 人不知나 天必知之요 飽食煖衣하여 怡然自衛者는 身雖安이나 其如子孫에 何오.

- "아침 일찍 일어나서부터 밤이 깊어 잠들 때까지 늘 충성과 효도를 생각하는 자는 남들은 알지 못하나 하늘이 반드시 알 것이요. 배 부르게 먹고 따뜻하게 입고서 안락하게 제 몸만 보호하는 자는 몸은 비록 편안하나 그 자손에게는 어찌할 것이요?"

⑪ 生事事生이오 省事事省이니라.
- "일을 만들면 일이 생기고, 일을 덜면 일이 없어지느니라."

8) 戒性篇(계성편)

① 忍一時之忿이면 免百日之憂이니라.
- "한 때의 분한 것을 참으면 백 날의 근심을 면할 수 있느니라."

② 愚濁生嗔怒는 皆因理不通이라 休添心上火하고 只作耳邊風하라 長短은 家家有요 炎凉은 處處同이라 是非無相實하여 究竟摠成空이니라.
- "어리석고 똑똑하지 못한 자가 성을 내는 것은 다 이치를 알지 못하기 때문이다. 마음 위에 화를 더하지 말고 다만 귓전을 스치는 바람결로 여겨라. 장점과 단점은 집집마다 있고 따뜻하고 서늘한 것은 곳곳이 같으니라. 옳고 그름이란 본래 실상이 없어서 마침내는 모두가 다 빈 것이 되느니라."

③ 子張이 欲行에 辭於夫子할새 願賜一言이 爲修身之美하노이다. 子曰

百行之本이 忍之爲上이니라. 子張이 曰 何爲忍之닛고. 子曰 天子忍之면 國無害하고 諸侯忍之면 成其大하고 官吏忍之면 進其位하고 兄弟忍之면 家富貴하고 夫妻忍之면 終其世하고 朋友忍之면 名不廢하고 自身忍之면 無禍害니라.

　- 자장이 떠나고자 공자께 하직을 고하면서 말하기를 "몸을 닦는 가장 아름다운 길을 말씀해 주시기를 원합니다." 공자가 말하기를, "모든 행실의 근본은 참는 것이 그 으뜸이 되느니라." 자장이 말하기를 "어찌하면 참는 것이 되나이까?" 공자가 말하기를, "천자가 참으면 나라에 해가 없고, 제후가 참으면 큰 나라를 이룩하고, 벼슬아치가 참으면 그 지위가 올라가고, 형제가 참으면 집안이 부귀하고, 부부가 참으면 일생을 해로할 수 있고, 친구끼리 참으면 이름이 깎이지 않고, 자신이 참으면 재앙이 없느니라."고 하셨다.

④ 子張이 曰 不忍則如何닛고. 子曰 天子不忍이면 國空虛하고 諸侯不忍이면 喪其軀하고 官吏不忍이면 刑罰誅하고 兄弟不忍이면 各分居하고 夫妻不忍이면 令子孤하고 朋友不忍이면 情意疎하고 自身이 不忍이면 患不除니라. 子張曰 善哉善哉라 難忍難忍이여, 非人不忍이요 不忍非人이로다.

　- 자장이 물었다. "참지 않으면 어떻게 됩니까?" 공자가 말하기를, "천자가 참지 않으면 나라가 공허하게 되고, 제후가 참지 않으면 그 몸을 잃어 버리고, 벼슬아치가 참지 않으면 형벌에 의하여 죽게 되고 형제가 참지 않으면 각각 헤어져서 따로 살게 되고, 부부가 참지 않으면 자식을 외롭게 하게 되고, 친구끼리 참지 않으면 정과 뜻이 서로 갈리고, 자신이 참지 않으면 근심이 덜어지지 않느니라." 자장이 말하기를, "참으로 좋

고도 좋으신 말씀이로다. 아아, 참는 것은 참으로 어렵도다. 사람이 아니면 참지 못할 것이요, 참지 못할 것 같으면 사람이 아니로다."고 하였다.

⑤ 惡人이 罵善人커든 善人은 摠不對하라 不對는 心淸閑이오 罵者는 口熱沸니라 正如人唾天하여 還從己身墜니라.

- "악한 사람이 착한 사람을 꾸짖거든 착한 사람은 전연 대꾸하지 말라. 대꾸하지 않는 사람은 마음이 맑고 한가하나, 꾸짖는 자는 입에 불이 붙는 것처럼 뜨겁게 끓느니라. 마치 사람이 하늘에다 대고 침을 뱉는 것 같아서 그것이 도로 자기 몸에 떨어지느니라."

⑥ 我若被人罵라도 佯聾不分說하라 譬如火燒空하여 不救自然滅이라 我心은 等虛空이어늘 摠爾飜脣舌이니라.

- "내가 만약 남에게 욕설을 듣더라도 거짓 귀먹은 체하고 시비를 가려서 말하지 말라. 비유하건대 불이 아무것도 없는 허공에서 타다가 끄지 않아도 저절로 꺼지는 것과 같아서 내 마음은 아무것도 없는 허공과 같거늘 너의 입술과 혀만이 모두 쉬지 않고 엎쳤다 뒤쳤다 하느니라."

9) 勤學篇(근학편)

① 禮記에 曰 玉不琢이면 不成器하고 人不學이면 不知義니라.

- 《예기》에 말하기를, "옥은 다듬지 않으면 그릇이 되지 못하고, 사람은 배우지 않으면 의를 알지 못하느니라."고 하였다.

② 論語에 曰 學如不及이요 猶恐失之니라.

- 《논어》에 말하기를, "배우기를 미치지 못한 것같이 하고 배운 것을 잃을까 두려워할지니라."고 하였다.

10) 訓子篇(훈자편)

① 太公이 曰 男子失敎면 長必頑愚하고 女子失敎면 長必麤疎니라.
- 태공이 말하기를, "남자가 가르침을 받지 못하면 자라서 반드시 미련하고 어리석어지며, 여자가 가르침을 받지 못하면 자라서 반드시 거칠고 솜씨가 없느니라."고 하셨다.

② 男年長大어든 莫習樂酒하고 女年長大어든 莫令遊走니라.
- "남자가 자라나거든 풍류나 술을 익히지 못하도록 하고, 여자가 자라나거든 놀러다니지 못하게 할지니라."

③ 人皆愛珠玉이나 我愛子孫賢이니라.
- "사람들은 모두 귀중한 주옥을 사랑하지만, 나는 자손이 어진 것을 사랑하느니라."

11) 省心篇 (성심편)

① 景行錄에 云 寶貨는 用之有盡이요 忠孝는 享之無窮이니라.
- 《〈경행록〉》에 이르기를, "보화는 쓰면 다함이 있고 충성과 효성은 누려도 다함이 없느니라."고 하였다.

② 家和貧也好어니와 不義富如何오 但存一子孝면 何用子孫多리오.

　- "집안이 화목하면 가난해도 좋거니와 의롭지 않다면 부자인들 무엇하랴, 다만 한 자식이라도 효도하는 자가 있다면 자손이 많아서 무엇하리요."

③ 父不憂心因子孝요 夫無煩惱是妻賢이라 言多語失皆因酒요 義斷親疎只爲錢이라.

　- "아버지가 근심하지 않음은 자식이 효도하기 때문이요, 남편이 번뇌가 없는 것은 아내가 어질기 때문이다. 말이 많아 말에 실수함은 술 때문이요, 의가 끊어지고 친함이 갈라지는 것은 오직 돈 때문이니라."

④ 得寵思辱하고 居安慮危니라.

　- "사랑을 받거든 욕됨을 생각하고, 편안함에 거하거든 위태함을 생각할 것이니라."

⑤ 榮輕辱淺하고 利重害深이니라.

　- "영화가 가벼우면 욕됨이 얕고 이(利)가 무거우면 해로움도 깊으니라."

⑥ 甚愛必甚費요 甚譽必甚毁니라. 甚喜必甚憂요 甚贓必甚亡이라.

　- 사랑함이 심하면 반드시 심한 소모를 가져오고, 칭찬 받음이 심하면 반드시 심한 헐뜯음을 가져온다. 기뻐함이 심하면 반드시 심한 근심을 가져오고 뇌물 탐함이 심하면 반드시 심한 멸망을 가져오느니라."

⑦ 子曰 不觀高崖면 何以知顚墜之患이며 不臨深淵이면 何以知沒溺之患이며 不觀巨海면 何以知風波之患이리오.

- 공자가 말하기를, "높은 낭떠러지를 보지 않으면 어찌 굴러 떨어지는 환란을 알며, 깊은 샘에 가지 않으면 어찌 빠져 죽을 환란을 알며 큰 바다를 보지 않으면 어찌 풍파가 일어나는 무서운 환란을 알리요."라고 하셨다.

⑧ 欲知未來인대 先察已往이니라.

- "미래를 알려거든 먼저 지나간 일을 살펴보라."

⑨ 子曰 明鏡은 所以察形이오 往者는 所以知今이니라.

- 공자가 말하기를, "밝은 거울은 얼굴을 살필 수 있고, 지나간 일은 현재를 알 수 있느니라."고 하셨다.

⑩ 過去事는 明如鏡이요 未來事는 暗似漆이니라.

- "지나간 일은 밝은 거울 같고 미래의 일은 어둡기가 칠흑과 같으니라."

⑪ 景行錄에 云 明朝之事를 薄暮에 不可必이요 薄暮之事를 哺時에 不可必이니라.

- 《경행록》에 이르기를, "내일 아침의 일을 저녁 때에 가히 꼭 그렇게 된다고 알지 못할 것이요, 저녁 때의 일을 오후 네시(哺時) 쯤 가히 꼭 그렇게 된다고 알지 못할 것이니라."고 하였다.

⑫ 天有不測風雨하고 人有朝夕禍福이니라.

- 하늘에는 예측할 수 없는 비 바람이 있고, 사람은 아침 저녁으로 화와 복이 있느니라."

⑬ 未歸三尺土하얀 難保百年身이요 已歸三尺土하얀 難保百年墳이니라.

- 석자 되는 흙 속으로 돌아가지 아니 하고서는 백년의 몸을 보전하기 어렵고 이미 석자 되는 흙 속으로 돌아가선 백년 동안 무덤을 보전키 어려울 것이니라."

⑭ 景行錄에 云 木有所養 則根本固而枝葉茂하야 棟梁之材成하고 水有所養 則泉源壯而流派長하야 灌漑之利博하고 人有所養 則志氣大而識見明하야 忠義之士出하니 可不養哉아.

- 《경행록》에 이르기를, "나무를 잘 기르면 뿌리가 튼튼하고 가지와 잎이 무성해서 동량의 재목을 이루고, 수원(水源)을 잘 만들어 놓으면 물줄기가 풍부하고 흐름이 길어서 관개의 이익이 베풀어지고, 사람을 기르면 마음과 기상이 뛰어나고 식견이 밝아져서 충의의 선비가 나온다. 어찌 기르지 않을 것이냐."고 하였다.

⑮ 自信者는 人亦信之하나니 吳越이 皆兄弟요 自疑者는 人亦疑之하나니 身外가 皆敵國이니라.

- 스스로 믿는 자는 남도 또한 그를 믿나니 오나라와 월나라와 같은 적국 사이라도 형제와 같이 될 수 있고, 스스로를 믿지 못하는 자는 남도 또한 그를 믿어주지 않으니 자기 이외에는 모두 원수와 같은 나라가

되느니라.

⑯ 諷諫에 云 水底魚天邊雁은 高可射兮低可釣어니와 惟有人心咫尺間에 咫尺人心不可料니라.
 - 《풍간》에 이르기를, "물 속 깊이 있는 고기와 하늘 높이 떠다니는 기러기는 높더라도 쏘고 깊더라도 낚을 수 있거니와 사람의 마음은 바로 지척간에 있음에도 이 지척 간에 있는 마음은 가히 헤아릴 수 없느니라."고 하였다.

⑰ 畵虎畵皮 難畵骨이요 知人知面 不知心이니라.
 - "범을 그리되 겉모양은 그릴 수 있으나 뼈는 그리기 어렵고, 사람을 알되 얼굴은 알지만 마음은 알지 못하느니라."

⑱ 對面共話하되 心隔千山이니라.
 - "얼굴을 맞대고 서로 이야기는 하나 마음은 천개의 산을 떨어져 있는 것처럼 멀리 있느니라."

⑲ 海枯終見底나 人死不知心이니라.
 - "바다는 마르면 마침내 바닥을 볼 수 있으나 사람은 죽어도 그 마음을 알지 못하느니라."

⑳ 太公이 曰 凡人은 不可逆相이요 海水는 不可斗量이니라.
 - 태공이 말하기를, "무릇 사람은 앞질러 점칠 수 없고 바닷물은 가히 말(斗)로 될 수 없느니라."고 하셨다.

㉑ 景行錄에 云 結怨於人은 謂之種禍요 捨善不爲는 謂之自賊이라.

- 《경행록》에 이르기를, "남과 원수를 맺는 것은 재앙의 씨를 심는 것이라 말하고, 착한 것을 버리고 착한 일을 하지 않는 것은 이르기를 스스로를 해치는 것이니라."고 하였다.

㉒ 若聽一面說이면 便見相離別이니라.

- "만약 한 편 말만 들으면 문득 친한 사이가 멀어짐을 볼 것이니라."

㉓ 疎廣이 曰 賢人多財則損其志하고 愚人多財則益其過니라.

- 소광이 말하기를, "어진 사람이 재물이 많으면 그 뜻을 손상하고 어리석은 사람이 재물이 많으면 허물을 더 하느니라."고 하셨다.

㉔ 人貧智短하고 福至心靈이니라.

- "사람이 가난하면 지혜가 짧아지고, 복이 이르면 마음이 신령스러워 지느니라."

㉕ 是非終日有라도 不聽自然無니라.

- "시비(是非)가 종일토록 있을지라도 듣지 않으면 저절로 없어지느니라."

㉖ 來說是非者는 便是是非人이니라.

- "와서 시비를 말하는 자는 이것이 곧 시비하는 사람이니라."

㉗ 擊壤詩에 云 平生에 不作皺眉事하면 世上에 應無切齒人이니 大名을

豈有鐫頑石가 路上行人이 口勝碑니라. 有麝自然香이니 何必當風立고.

- 《격양시》에 이르기를, "평생에 눈썹 찡그릴 일을 하지 않으면 세상에 이를 갈 원수 같은 사람이 없을 것이다. 크게 난 이름을 어찌 단단한 돌에 새길 것인가. 길 가는 사람의 입이 비석보다 나으리라. 사향을 지녔으면 저절로 향기로운데 어찌 반드시 바람이 불어야만 향기가 나겠는가."고 하였다.

㉘ 王參政四留銘에 曰 留有餘不盡之巧하야 以還造物하고 留有餘不盡之祿하야 以還朝廷하고 留有餘不盡之財하야 以還百姓하고 留有餘不盡之福하야 以遺子孫이니라.

- 왕참정의 《사류명》에 말하기를, "여유 있는 재주를 쓰지 않았다가 조물주에게 돌려주고, 여유있게 복록을 다 쓰지 않았다가 조정에 돌려주고, 여유 있는 재물을 다 쓰지 않았다가 백성에게 돌려주며, 여유있는 복을 다 누리지 않았다가 자손에게 돌려줄지니라."고 하였다.

㉙ 巧者는 拙之奴요 苦者는 樂之母니라.

- "재주 있는 사람은 재주 없는 사람의 종이 되고, 괴로움은 즐거움의 모태가 되느니라."

㉚ 小船은 難堪重載요 深逕은 不宜獨行이니라.

- "작은 배는 무겁게 싣는 것을 견디기 어렵고, 으슥한 길은 혼자 다니기에 좋지 못하니라."

㉛ 黃金이 未是貴요 安樂이 値錢多니라.

- "황금이 귀한 것이 아니요, 편안하고 즐거움이 보다 값 많은 것이 니라."

㉜ 在家에 不會迎賓客이면 出外에 方知小主人이니라.

- "집에 있어서 손님을 맞아 대접할 줄 모르면 밖에 나가서 다른 집에 손님으로 가 보아야 바야흐로 주인 적은 줄을 알리라."

㉝ 貧居鬧市無相識이요 富住深山有遠親이니라.

- "가난하게 살면 번화한 시장거리에 살아도 서로 아는 사람이 없고, 넉넉하면 깊은 산 중에 살아도 먼 데서 찾아오는 친구가 있느니라."

㉞ 寧塞無底缸이언정 難塞鼻下橫이니라.

- "차라리 밑 빠진 항아리는 막을지언정 코 아래 가로 놓인 것(입)은 막기 어려우니라."

㉟ 人情은 皆爲窘中疎니라.

- 사람의 정분은 다 군색한 가운데서 성기어(멀어) 지게 되느니라."

㊱ 史記에 曰 郊天禮廟는 非酒不享이요 君臣朋友는 非酒不義요 鬪爭相和는 非酒不勸이라 故로 酒有成敗 而不敢泛飮之니라.

- 《사기》에 말하기를, "하늘에 제사를 지내고 사당에 제례 올림에도 술이 아니면 제물을 받지 않을 것이요, 임금과 신하, 벗과 벗 사이에도 술이 아니면 의리가 두터워지지 않을 것이요, 싸움을 하고 서로 화해 함에도 술이 아니면 권하지 못할 것이다. 그러므로 술은 성공과 실패를 얻

는 것으로 감히 함부로 마시지 못하느니라."고 하였다.

㊲ 子曰 士志於道而 恥惡衣惡食者는 未足與議也이니라.
- 공자가 말하기를, "선비가 도에 뜻을 두면서 악의(허름한 옷) 악식(거친 밥)을 부끄러워 하는 자는 서로 더불어 의논할 사람이 못되느니라."고 하셨다.

㊳ 荀子曰 士有妬友 則賢交不親하고 君有妬臣 則賢人不至니라.
- 순자가 말하기를, "선비가 벗을 투기하는 일이 있으면 어진 벗과 친할 수 없고, 임금이 신하를 투기하는 일이 있으면 어진 신하가 오지 않느니라."고 하셨다.

㊴ 大富는 由天하고 小富는 由勤이니라.
- "큰 부자는 하늘에 달려 있고 작은 부자는 부지런한 데 달려 있느니라."

㊵ 成家之兒는 惜糞如金하고 敗家之兒는 用金如糞이니라.
- 집을 이룰 아이는 똥을 아끼기를 금과 같이 하고, 집을 망칠 아이는 돈 쓰기를 똥과 같이 하느니라."

㊶ 康節 邵先生이 曰 閑居에 慎勿說無妨하라 纔說無妨便有妨이니라 爽口物多能作疾이요 快心事過必有殃이라 與其病後能服藥으론 不若病前能自防이니라.
- 강절 소선생이 말하기를, "편안하고 한가롭게 살 때 삼가 걱정할 것

이 없다고 말하지 말라. 겨우 걱정할 것이 없다는 말이 입에 나가자마자 문득 걱정거리가 생기리라. 입에 상쾌한 음식이라고 해서 많이 먹으면 병을 만들 것이요, 마음에 상쾌한 일이라고 해서 지나치게 하면 반드시 재앙이 있으리라. 병이 난 후에 약을 먹는 것보다는 병이 나기 전에 스스로 조심하는 것만 같지 못하느니라."고 하셨다.

㊷ 梓童帝君垂訓에 曰 妙藥이 難醫冤債病이요 橫財는 不富命窮人이야 生事事生을 君莫怨하고 害人人害를 汝休嗔하라 天地自然皆有報하니 遠在兒孫近在身이니라.

- 재동제군이 훈계를 내려 말하기를, "신묘한 약이라도 원한의 병은 고치기 어렵고, 뜻밖에 생기는 재물도 운수가 궁한 사람은 부자가 되게 할 수 없다. 일을 생기게 하고 나서 일이 생기는 것을 원망하지 말고, 남을 해치고 나서 남이 해치는 것을 너는 꾸짖지 말라. 천지간에 모든 일은 다 갚음이 있나니 멀면 자손에게 있고 가까우면 자기 몸에 있느니라."고 하셨다.

㊸ 花落花開開又落하고 錦衣布衣更換着이라 豪家未必常富貴요 貧家未必長寂寞이라 扶人未必上靑霄요 推人未必塡邱壑이라 勸君凡事를 莫怨天하라 天意於人에 無厚薄이니라.

- "꽃은 지었다 피고 피었다 또 진다. 비단 옷도 다시 베옷으로 바꿔 입느니라. 넉넉하고 호화로운 집이라고 해서 반드시 언제나 부귀한 것이 아니요, 가난한 집도 반드시 오래 적적하고 쓸쓸하지 않으리라. 사람이 밀어 올려도 반드시 하늘에 올라가지 못할 것이요, 사람을 밀어도 반드시 깊은 구렁에 떨어지지 않느니라. 그대에게 권고하노니, 모든 일

에 하늘을 원망하지 말라. 하늘의 뜻은 본시 사람에게 후하고 박함이 없느니라."

㊹ 堪嘆人心毒似蛇라 誰知天眼轉如車요 去年妄取東隣物터니 今日還歸北舍家이라 無義錢財湯潑雪이요 儻來田地水推沙니라 若將狡譎爲生計면 恰似朝雲暮落花니라.

- "사람의 마음이 독하기가 뱀 같음을 한탄하여 마지않는다. 누가 하늘에서 보는 눈이 수레바퀴처럼 돌아가고 있음을 알 것이요. 지나간 해에 망녕되게 동녘 이웃의 물건을 탐내어 가져 왔더니 오늘엔 어느덧 북녘집으로 돌아 갔구나.

의리가 아니게 취한 돈과 재물은 끓는 물에서 녹는 눈과 같이 없어질 것이요. 뜻밖에 얻어진 전답은 물에 밀려온 모래이니라. 만약 교활한 꾀로써 생활하는 방법을 삼는다면 그것은 흡사 아침에 떠오르는 구름이나 저녁에 시들어지는 꽃과 같이 오래 가지 못하느니라."

㊺ 無藥可醫卿相壽요 有錢難買子孫賢이니라.

- 약은 가히 재상과 같은 귀한 목숨도 고칠 수 없고, 돈은 있어도 자손의 현철함을 사지 못하느니라."

㊻ 一日淸閑 一日仙이니라.

- "하루라도 마음이 깨끗하고 편안하다면 그 하루는 신선이 되느니라."

㊼ 眞宗皇帝 御製에 曰 知危識險이면 終無羅網之門이요 擧善薦賢이면 自有安身之路라 施仁布德은 乃世代之榮昌이요 懷妬報冤은 與子孫之爲患이라 損人利己면 終無顯達雲仍이요 害衆成家면 豈有長久富貴리요 改名異體는 皆因巧語而生이요 禍起傷身은 皆是不仁之召니라.

- 진종황제 어제에 말하기를, "위태함을 알고 험한 것을 알면 마침내 그물에 걸리는 일이 없을 것이요. 선한 일을 받들고 어진 사람을 천거하면 스스로 내 몸이 편안할 길이 있고, 인을 베풀고 덕을 폄은 곧 대대로 번영을 가져올 것이다. 시기하는 마음을 품고 원한을 보복함은 자손에게 근심을 끼쳐주는 것이오. 남을 해롭게 해서 자기를 이롭게 한다면 마침내 현달한 자손이 없고, 뭇 사람을 해롭게 해서 성가(成家)를 한다면 어찌 그 부귀가 길게 가겠는가. 이름을 갈고 몸을 달리함은 모두 교묘한 말로 말미암아 생겨나고, 재앙이 일어나고 몸이 상하게 됨은 다 어질지 못함이 부르는 것이니라."고 하셨다.

㊽ 神宗皇帝 御製에 曰 遠非道之財하고 戒過度之酒하며 居必擇隣하고 交必擇友하며 嫉妬를 勿起於心하고 讒言을 勿宣於口하며 骨肉貧者를 莫疎하고 他人富者를 莫厚하며 克己는 以勤儉爲先하고 愛衆은 以謙和爲首하며 常思已往之非하고 每念未來之咎하라 若依朕之斯言이면 治家國而可久니라.

- 신종황제 어제에 말하기를, "사람으로써 마땅히 지켜야 할 도리가 아닌 재물은 멀리하고 정도에 지나치는 술을 경계하며, 반드시 이웃을 가려 살고, 벗을 가려 사귀며, 남을 시기하는 마음을 일으키지 말고, 남을 헐뜯어 말하지 말며, 동기간이 가난한 자를 소홀히 하지 말고 부유한 자에게 아첨하지 말고, 자기의 사욕을 극복하는 것은 부지런하고 아

껴쓰는 것을 우선하고, 사람을 사랑하되 겸손하고 화평함을 첫째로 삼을 것이며, 언제나 지난날 나의 잘못됨을 생각하고 또 앞날의 허물을 생각하라. 만약 나의 이 말에 의한다면 집안과 나라를 다스림이 가히 오래 갈 것이니라."

㊾ 高宗皇帝 御製에 曰 一星之火도 能燒萬頃之薪하고 半句非言도 誤損平生之德이라 身被一縷나 常思織女之勞하고 日食三飱이나 每念農夫之苦하라 苟貪嫉妬는 終無十載安康하고 積善存仁이면 必有榮華後裔니라 福緣善慶은 多因積德而生이요 入聖超凡은 盡是眞實而得이니라.

- 고종황제 어제에 말하기를, "한 점의 불티도 능히 만경의 숲을 태우고, 짧은 반 마디 그릇된 말이 평생의 덕을 허물어뜨린다. 몸에 한 오라기의 실을 입었어도 항상 베 짜는 여자의 수고로움을 생각하고, 하루 세 끼니의 밥을 먹거든 농부의 힘드는 것을 생각하라. 구차하게 탐내고, 시기해서 질투하면 마침내 10년의 편안함도 없을 것이요, 선을 쌓고 인을 보존하면 반드시 후손들에게 영화가 있으리라. 행복과 경사는 대부분이 덕을 쌓는데서 생겨나고, 범용(凡庸)을 초월해서 성인의 경지에 들어가는 것은 다 진실함으로써 얻어지는 것이니라."고 하셨다.

㊿ 家語에 云 水至淸則無魚하고 人至察則無徒니라.
- 《가어》에 이르기를, "물이 지극히 맑으면 고기가 없고, 사람이 지극히 살피면 친구가 없느니라."고 하셨다.

ⓐ 許敬宗이 曰 春雨如膏나 行人은 惡其泥濘하고 秋月이 揚輝나 盜者는 憎其照鑑이니라.

- 허경종이 말하기를, "봄비는 기름과 같으나 길 가는 사람은 그 질퍽질퍽하는 진창을 싫어하고, 가을의 달빛은 밝게 비치나 도둑놈은 그 밝게 비치는 것을 싫어하느니라."고 하셨다.

ⓑ 景行錄에 云 大丈夫는 見善明故로 重名節於泰山하고 用心剛故로 輕死生於鴻毛니라.

- 《경행록》에 이르기를, "대장부는 착한 것을 보는 것이 밝으므로 명분과 절의를 태산 보다 중하게 여기고, 마음쓰기가 굳세므로 죽는 것과 사는 것을 아주 가는 홍모(기러기 털)와 같이 가볍게 여기느니라."고 하였다.

ⓒ 不恨自家汲繩短하고 只恨他家固井深이로다.

- 자기 집 두레박 줄이 짧은 것은 탓하지 않고 남의 집 우물 깊은 것만 탓하는도다.

ⓓ 臟濫이 滿天下라도 罪拘薄福人이니라.

- 부정한 재물을 취하는 사람이 천하에 가득할지라도 죄는 복이 적은 사람에게 걸리느니라.

ⓔ 天若改常이면 不風卽雨요 人若改常이면 不病卽死니라.

- 하늘이 만약 상도를 어기면 바람 아니면 비가 오고, 사람이 만약 상도를 벗어나면 병 아니면 죽으리라.

ⓕ 壯元詩에 云 國正天心順이오 官淸民自安이라 妻賢夫禍少요 子孝父

心寬이니라.

- 《장원시》에 이르기를, "나라가 바르면 하늘도 순하고, 벼슬아치가 바르고 청백하면 온 백성이 저절로 편안하느니라. 아내가 어질면 남편의 화가 적을 것이요. 자식이 효도하면 아버지의 마음이 너그러워지느니라."고 하였다.

ⓖ 子曰 木從繩則直하고 君受諫則聖이니라.

- 공자가 말하기를, "나무가 먹줄을 좇으면 곧고, 임금이 간함을 받아들이면 거룩하게 되느니라."고 하셨다.

ⓗ 一派靑山景色幽러니 前人田土後人收라 後人收得莫歡喜하라 更有收人在後頭니라.

- 한 줄기 푸른 산은 경치가 그윽하구나. 저 땅은 옛 사람이 가꾸던 밭인데 뒷사람들이 거두는 것이다. 뒷사람은 차지했다 해서 기뻐하지 말라. 다시 거둘 사람은 뒤에 있느니라.

ⓘ 蘇東坡 曰 無故而得千金이면 不有大福이라 必有大禍이니라.

- 소동파가 말하기를, "까닭없이 천금을 얻는 것은 큰 복이 있는 것이 아니라, 반드시 큰 재앙이 있느니라."고 하셨다.

ⓙ 康節 邵先生이 曰 有人이 來問卜하되 如何是禍福고 我虧人是禍이요 人虧我是福이니라.

- 강절 소선생이 말하기를, "나에게 자기의 운수를 묻는 사람이 있으나 어떠한 것이 화와 복일고? 내가 남을 해롭게 하면 이것이 화요, 남이

나를 해롭게 하면 이것이 복이니라."고 하셨다.

ⓚ 大廈千間이라도 夜臥八尺이요 良田萬頃이라도 日食二升이니라.
- 큰 집이 천 칸이라도 밤에 눕는 곳은 여덟 자 뿐이요, 좋은 밭이 만 이랑이 있더라도 하루에 두 되면 먹느니라.

ⓛ 久住令人賤이요 頻來親也疎라 但看三五日에 相見不如初라.
- 오래 머물러 있으면 사람으로 하여금 천하게 여기고, 자주 오면 친하던 것도 멀어지느니라. 오직 사흘이나 닷새 만에 서로 보는데도 처음 보는 것 같지 않느니라.

ⓜ 酒不醉人 人自醉요 色不迷人 人自迷니라.
- 술이 사람을 취하게 하는 것이 아니라, 사람이 스스로 취하는 것이요, 색이 사람을 미혹시키는 것이 아니라, 사람이 스스로 미혹하는 것이니라.

ⓝ 公心을 若比私心이면 何事不辨이며 道念을 若同情念이면 成佛多時니라.
- 공(公)을 위하는 마음을 사(私)를 위하는 마음과 같이 할 수 있다면 무슨 일이든지 옳고 그름을 어찌 가려내지 못할 것이며, 도를 향하는 마음이 만약 남녀의 정을 생각하는 마음과 같다면 성불한지도 오래일 것이다.

ⓞ 濂溪先生 曰 巧者言하고 拙者黙하며 巧子勞하고 拙者逸하며 巧者

賊하고 拙者德하고 巧者凶하고 拙者吉하나니 嗚呼라 天下拙이면 刑政이 徹하여 上安下順하며 風淸弊絶이니라.

- 염계선생이 말하기를, "교자(꾀있는 사람)는 말을 잘하고, 졸자(재주 없는 사람)는 말이 없으며, 교자는 수고로우나, 졸자는 한가하다. 교자는 패악하나 졸자는 덕성스러우며, 교자는 흉하고 졸자는 길하다. 아아! 천하가 졸하면 정치가 철저하여서 임금은 편안하고 백성은 잘 복종하며, 풍속은 맑아지고 나쁜 습관은 없어지느니라."고 하셨다.

ⓟ 易에 曰 德微而位尊하고 智小而謀大면 無禍者鮮矣니라.
- 《주역》에 말하기를, "덕이 적은 데 지위가 높으며, 지혜가 없으면서 꾀하는 것이 크다면 화가 없는 자가 드물 것이니라."고 하였다.

ⓠ 說苑에 曰 官怠於宦成하고 病加於小癒하며 禍生於懈怠하고 孝衰於 妻子니 察此四者하여 愼終如始니라.
- 《설원》에 말하기를, "다스리는 이의 도는 지위가 성취되는 데서 게을러지고, 병은 조금 낫는 데서 더해지며, 재앙은 게으른 데서 생기고, 효도는 처자에서 흐려진다. 이 네 가지를 살펴서 나중을 삼가기를 처음과 같이 할지니라."고 하였다.

ⓡ 尺璧非寶요 寸陰是競이니라.
- 한 자 되는 둥근 구슬을 보배로 알지 말고 오직 짧은 시간을 다투어 귀중히 여길지니라.

ⓢ 羊羹이 雖美나 衆口를 難調니라.

- 양고기 국이 비록 맛이 좋으나 뭇 사람의 입을 모두 맞추기는 어려우니라.

ⓣ 益智書에 云 白玉은 投於泥塗라도 不能汚穢其色이요 君子는 行於濁地라도 不能染亂其心하나니 故로 松栢可以耐雪霜이오 明智는 可以涉危難이니라.
- 〈〈익지서〉〉에 이르기를, "흰 옥을 진흙 속에 던져도 그 빛을 더럽힐 수 없고, 군자는 혼탁한 곳에 갈지라도 그 마음을 물들여 어지럽힐 수 없다. 그러므로 송백은 상설(서리와 눈)을 견디어 내고, 밝은 지혜는 위난을 능히 건너 내느니라."고 하였다.

ⓤ 入山擒虎는 易어니와 開口告人은 難이니라.
- 산에 들어가 범을 잡기는 쉬우나, 입을 열어 남에게 고하기는 어려우니라.

ⓥ 太公이 曰 日月이 雖明이나 不照覆盆之下하고 刀刃이 雖快나 不斬無罪之人하고 非災橫禍는 不入愼家之門이니라.
- 태공이 말하기를, "해와 달이 비록 밝으나 엎어놓은 동이의 밑은 비추지 못하고, 칼날이 비록 잘 드나 죄없는 사람은 베지 못하고, 불의의 재앙은 조심하는 집 문에는 들지 못하느니라."고 하셨다.

ⓦ 太公이 曰 良田萬頃이 不如薄藝隨身이니라.
- 태공이 말하기를, "좋은 밭 만 이랑이 박한 재주가 몸에 따라 있는 것만 같지 못하느니라."고 하셨다.

⑩ 性理書에 云 接物之要는 己所不欲을 勿施於人하고 行有不得이어든 反求諸己니라.

- 〈〈성리서〉〉에 이르기를, "사물을 접하는 요체는 자기가 하고자 하지 않는 것을 남에게 베풀지 말고, 행동을 하여 얻지 못하는 것이 있거든 돌이켜 자기에게서 원인을 찾으라."고 하였다.

12) 立敎篇(입교편)

① 子曰 立身有義而孝其本이요 喪祀有禮而哀爲本이오 戰陣有列而勇爲本이요 治政有理而農爲本이요 居國有道而嗣爲本이요 生財有時而力爲本이니라.

- 공자가 말하기를, "입신함에 의가 있으니 효도가 그 근본이요, 상사와 제사에 예가 있으니 슬퍼함이 그 근본이요, 싸움터에 질서가 있으니 용맹이 그 근본이 된다. 나라를 다스리는데 이치가 있으니 농사가 그 근본이 되고, 나라를 지키는데 도가 있으니 계승이 그 근본이 되며, 재물을 생산함에 시기가 있으니 노력이 그 근본이 되느니라."고 하셨다.

② 景行錄에 云 爲政之要는 曰公與淸이요 成家之道는 曰儉與勤이라.

- 〈〈경행록〉〉에 이르기를, "정사를 다스리는데 긴요한 것은 공평하고 사사로운 욕심이 없이 깨끗이 하는 것이요, 집을 이루는 길은 절약하여 낭비하지 아니하고 부지런한 것이니라."고 하였다.

③ 讀書는 起家之本이요 循理는 保家之本이요 勤儉은 治家之本이요 和順은 齊家之本이니라.

- 글을 읽는 것은 집을 일으키는 근본이요, 이치에 따름은 집을 잘 보존하는 근본이요, 부지런하고 절약하여 낭비하지 아니하는 것은 집을 잘 치리하는 근본이요, 화목하고 순종하는 것은 집안을 가지런히 잘 다스리는 근본이니라.

④ 性理書에 云 五敎之目은 父子有親하며 君臣有義하며 夫婦有別하며 長幼有序하며 朋友有信이니라.

- 《성리서》에 이르기를, "다섯가지 가르침의 조목은 아버지와 자식 사이에는 서로 친함이 있어야 하며, 임금과 신하 사이에는 의가 있어야 하며, 남편과 아내 사이에는 분별이 있어야 하며, 어른과 어린이 사이에는 차례가 있어야 하며, 친구 사이에는 믿음이 있어야 하느니라."고 하였다.

⑤ 王蠋이 曰 忠臣은 不事二君이요 烈女는 不更二夫니라.

- 왕촉이 말하기를, "충신은 두 임금을 섬기지 않고, 열녀는 두 지아비를 섬기지 않느니라."고 하였다.

⑥ 張思叔 座右銘에 曰 凡語를 必忠信하며 凡行을 必篤敬하며 飮食을 必愼節하며 字劃을 必楷正하며 容貌를 必端莊하며 衣冠을 必整肅하며 步履를 必安詳하며 居處를 必正靜하며 作事를 必謀始하며 出言을 必顧行하며 常德을 必固持하며 然諾을 必重應하며 見善如己出하며 見惡如己病하라 凡此十四者는 皆我未深省이라 書此當座右하여 朝夕視爲警하노라.

- 장사숙의 좌우명에 말하기를, "무릇 말은 충성되고 믿음이 있어야 되며, 무릇 행실은 반드시 돈독하고 공경히 하며, 음식은 반드시 삼가고

알맞게 하며, 글씨는 반드시 똑똑하고 바르게 쓰며, 용모는 반드시 단정하고 엄숙히 하며, 의관은 반드시 정제하며, 걸음걸이는 반드시 안전하고 자상히 하며 거처하는 곳은 반드시 바르고 정숙하게 하며, 일하는 것은 반드시 계획을 세워 시작하며, 말을 할 때는 반드시 그 실행 여부를 생각해서 하며, 평상의 덕을 반드시 굳게 가지며, 일을 허락하는 것은 반드시 신중히 생각해서 응하며, 선을 보거든 자기에게서 나온 것 같이 하며 악을 보거든 자기의 병인 것 같이 하라. 무릇 이 열 네가지는 모두 내가 아직 깊이 깨닫지 못한 것이다. 이를 자기의 오른편에 써 붙여 놓고 아침 저녁으로 보고 경계할 것이니라."고 하였다.

⑦ 范益謙 座右銘에 曰 一不言朝廷利害邊報差除요 二不言州縣官員長短得失이요 三不言衆人所作過惡之事요 四不言仕進官職趨時附勢요 五不言財利多少厭貧求富요 六不言淫媒戲慢評論女色이요 七不言求覓人物干索酒食이요 又曰 人付書信을 不可開坼沈滯요 與人幷坐에 不可窺人私書요 凡入人家에 不可看人文字요 凡借人物에 不可損壞不還이요 凡喫飮食에 不可揀擇去取요 與人同處에 不可自擇便利요 凡人富貴를 不可歎羨詆毁니 凡此數事에 有犯之者면 足以見用心之不正이라 於正心修身에 大有所害라 因書以自警하노라.

- 범익겸의 좌우명에 이르기를, "첫째 조정에서의 이해와 변방으로부터의 보고와 관직의 임명에 대하여 말하지 말 것. 둘째, 주현의 관원의 장단점과 득실에 대하여 말하지 말 것. 세째, 여러 사람이 저지른 악한 일을 말하지 말며, 네째, 벼슬에 나가는 것과 기회를 따라 권세에 아부하는 일에 대하여 말하지 말 것. 다섯째, 재리의 많고 적음이나 가난을 싫어하고 부를 구하는 것을 말하지 말며, 여섯째, 음탕하고 난잡한 농지

거리나 여색에 대한 평론을 말하지 말 것. 일곱째, 남의 물건을 탐내거나 주식(酒食)을 토색하는 것을 말하지 말 것. 그리고 남이 부치는 편지를 뜯어 보거나 지체시켜서는 안되며, 남과 같이 앉아 있으면서 남의 사사로운 글을 엿보아서는 안 되며, 무릇 남의 집에 들어감에 남이 만든 글을 보지 말며, 남의 물건을 빌렸을 때 이것을 손상시키고 돌려주지 않으면 안 된다. 무릇 음식을 먹음에 가려서 취하지 말며, 남과 같이 있으면서 스스로의 편리만을 가리어 취하지 말라. 무릇 남의 부하고 귀한 것을 부러워하거나 헐뜯지 말라. 무릇 이 몇 가지 일을 범하는 자가 있으면 넉넉히 그 마음 쓰는 것의 바르지 않음을 알 수 있으며 마음을 바르게 하고 몸을 닦는데 크게 해 되는 바가 있는지라. 이로 인하여 이 글을 써서 스스로 경계하노라."고 하였다.

⑧ 武王에 問太公曰 人居世上에 何得貴賤貧富不等고 願聞說之하여 欲知是矣이로다 太公이 曰 富貴는 如聖人之德하여 皆由天命이어니와 富者는 用之有節하고 不富者는 家有十盜니라.

- 무왕이 태공에게 묻기를, "사람이 세상에 사는데 어찌하여 귀천과 빈부가 고르지 않습니까? 원컨대 말씀을 들어서 이를 알고자 합니다." 태공이 대답하기를, "부귀는 성인의 덕과 같아서 다 천명에 말미암거니와 부자는 쓰는 것이 절도가 있고 부하지 못한 자는 집에 열 가지 도둑이 있나이다."

⑨ 武王이 曰 何謂十盜닛고 太公이 曰 時熟不收이 爲一盜요 收積不了가 爲二盜요 無事燃燈寢睡이 爲三盜요 慵懶不耕이 爲四盜요 不施功力이 爲五盜요 專行巧害가 爲六盜요 養畜太多가 爲七盜요 晝眠懶起가 爲八盜요

貪酒嗜慾이 爲九盜요 强行嫉妬가 爲十盜이니이다.

- 무왕이 말하기를, "무엇을 열가지 도둑이라고 합니까?" 태공이 대답하기를, "곡식이 익은 것을 제 때에 거둬들이지 않는 것이 첫째의 도둑이요, 거두고 쌓는 것을 마치지 않는 것이 둘째의 도둑이요, 일 없이 등불을 켜놓고 잠자는 것이 셋째의 도둑이요, 게을러서 밭 갈지 않는 것이 넷째의 도둑이요, 공력을 들이지 않는 것이 다섯째의 도둑이요, 오로지 교활하고 해로운 일만 행하는 것이 여섯째의 도둑이요, 가축을 너무 많이 기르는 것이 일곱째의 도둑이요, 낮잠 자고, 아침에 일어나기를 게을리 하는 것이 여덟째의 도둑이요, 술을 탐하고 환락을 즐기는 것이 아홉째의 도둑이요, 심히 남을 시기하는 것이 열째의 도둑입니다."고 하셨다.

⑩ 武王이 曰 家無十盜 而不富子는 何如닛고 太公이 曰 人家에 必有三耗니다. 武王이 曰 何名三耗닛고 太公이 曰 倉庫漏濫不蓋하여 鼠雀亂食이 爲一耗요 收種失時이 爲二耗요 抛撒米穀穢賤이 爲三耗니다.

- 무왕이 말하기를, "집에 열 도둑이 없고도 부유하지 못한 것은 어찌 그럽니까?" 태공이 말하기를, "그런 사람의 집에는 반드시 삼모(세가지 허비하여 소모함)가 있을 것입니다." "무엇을 삼모라고 말합니까?" "창고가 뚫려 있는데도 가리지 않아 쥐와 새들이 어지러이 먹어대는 것이 첫째의 소모(耗)요, 거두고 씨뿌림에 때를 놓치는 것이 둘째의 소모요, 곡식을 퍼 흘리어 더럽고 천하게 다루는 것이 세째의 소모입니다." 라고 하셨다.

⑪ 武王이 曰 家無三耗 而不富子는 何如닛고 太公이 曰 人家에 必有一錯二誤三痴四失五逆六不祥七奴八賤九愚十强하여 自招其禍요 非天降

殃이니다.

- 무왕이 묻기를, "집에 삼모도 없는데 부유하지 못한 것은 어찌하여 그럽니까?" 태공이 대답하기를, "그런 사람의 집에는 반드시 일착(一錯), 이오(二誤), 삼치(三痴), 사실(四失), 오역(五逆), 육불상(六不祥), 칠노(七奴), 팔천(八賤), 구우(九愚), 십강(十强)이 있어서 스스로 그 화를 부르는 것이요, 하늘이 재앙을 내리는 것이 아닙니다."고 하셨다.

⑫ 武王이 曰 願悉聞之하나이다 太公이 曰 養男不敎訓이 爲一錯이요 嬰孩不訓이 爲二誤요 初迎新婦不行嚴訓이 爲三痴요 未語先笑가 爲四失이요 不養父母가 爲五逆이요 夜起赤身이 爲六不祥이요 好挽他弓이 爲七奴요 愛騎他馬가 爲八賤이요 喫他酒勸他人이 爲九愚요 勸他飯命朋友이 爲十强이니다.

⑬ 武王이 曰 甚美誠哉라 是言也이여.

- 무왕이 말하기를, "그 내용을 모두 듣기를 원합니다." 태공이 대답하기를, "아들을 기르며 가르치지 않는 것이 첫째의 잘못이요, 어린 아이를 훈도하지 않는 것이 둘째의 그름이요, 새 며느리를 맞아들여서 엄하게 가르치지 않는 것이 셋째의 어리석음이요, 말하기 전에 웃기부터 먼저 하는 것이 넷째의 과실이요, 부모를 봉양하지 않는 것이 다섯째의 거스름이요, 밤에 알몸으로 일어나는 것이 여섯째의 상서롭지 못함이요, 남의 활을 당기기를 좋아하는 것이 일곱째의 상스러움이요, 남의 말을 타기를 좋아하는 것이 여덟째의 천함이요, 남의 술을 마시면서 다른 사람에게 권하는 것이 아홉째의 어리석음이요, 남의 밥을 먹으면서 벗에게 원하는 것이 열째의 뻔뻔함이 되는 것입니다"라고 하셨다.

무왕이 말하기를, "아아! 심히 아름답고 진실하도다. 그 말씀이여."라고 하셨다.

13) 治政篇(치정편)

① 明道先生이 曰 一命之士 苟有存心於愛物이면 於人에 必有所濟니라.
- 명도선생이 말하기를, "처음으로 벼슬을 얻는 사람이라도 진실로 물건을 사랑하는데 마음을 쓴다면 남에게 반드시 도움을 받는 바가 있느니라."고 하셨다.

② 當官者는 必以暴怒爲戒하라 事有不可어든 當詳處之면 必無不中이어니와 若先暴怒면 只能自害라 豈能害人이리오.
- 관직에 있는 자는 반드시 심하게 성내는 것을 경계하라. 일에 옳지 않음이 있거든 마땅히 자상하게 처리하면 반드시 맞아들지 않는 것이 없으려니와 만약 성내기부터 먼저 한다면 오직 자신을 해롭게 할 뿐이니라. 어찌 남을 해롭게 할 수 있으리요.

③ 或이 問 簿는 佐令者也니 簿所欲爲를 令或不從이면 柰何닛고 伊川先生이 曰 當以誠意動之니라 今令與簿不和는 便是爭私意요 令은 是邑之長이니 若能以事父兄之道로 事之하여 過則歸己하고 善則唯恐不歸於令하여 積此誠意면 豈有不動得人이리오.
- 어떤 사람이 묻기를, "부(簿)는 영(令)을 보좌하는 자입니다. 부가 하고자 하는 바를 영이 혹시 따르지 않는다면 어떻게 합니까?" 이천선생이 대답하기를, "마땅히 성의로써 움직여야 할 것이니라. 이제 영과 부가

화목치 않는 것은 곧 사사로운 생각으로 다투는 것이니라. 영은 고을의 장관이니 만약 부형을 섬기는 도리로 섬겨서 잘못이 있으면 자기에게로 돌리고 잘한 것은 영에게로 돌아가지 않을 것을 두려워 해서 이와 같은 성의를 쌓는다면 어찌 사람을 움지이지 못함이 있으리요." 라고 하셨다.

④ 劉安禮 問臨民한대 明道先生이 曰 使民으로 各得輸其情이니라 問御吏한대 曰 正己以格物이니라.
- 유안례가 백성에 임하는 도리를 물으니 명도 선생이 말하기를, "백성으로 하여금 각각 그들의 뜻을 펴게 할 것이니라." 아전을 거느리는 도리를 물으니, "자기를 바르게 함으로써 남을 바르게 할지니라."고 하셨다.

14) 治家篇(치가편)

① 司馬溫公이 曰 凡諸卑幼 事無大小히 毋得專行하고 必咨稟於家長이니라.
- 사마온공이 말하기를, "무릇 손아래 사람들은 일의 크고 작음이 없이 제멋대로 행동하지 말고 반드시 집안 어른께 여쭈어 보고서 해야 하느니라."고 하셨다.

② 待客에 不得不豊이요 治家에 不得不儉이니라.
- 손님 접대는 풍성하게 하지 아니치 못하며, 살림살이는 검소하지 않을 수 없느니라.

③ 凡使奴僕에 先念飢寒이니라.

- 무릇 노복을 부리는 데는 먼저 그들의 춥고 배고픔을 생각할지니라.

④ 時時防火發하고 夜夜備賊來니라.

- 때때로 불이 나는 것을 막고, 밤마다 도적이 드는 것을 방비할지니라.

15) 安義篇(안의편)

① 顔氏家訓에 曰 夫有人民而後에 有夫婦하고 有夫婦而後에 有父子하고 有父子而後에 有兄弟하니 一家之親은 此三者而已矣라 自玆以往으로 至于九族이 皆本於三親焉故로 於人倫에 爲重也니 不可不篤이니라.

- 안씨 가훈에 말하기를, "대저 백성이 있은 후에 부부가 있고 부부가 있은 후에 부자가 있고 부자가 있은 후에 형제가 있나니, 한 집의 친함은 이 세 가지뿐이니라. 이에서부터 나아가 구족(九族)에 이르기까지 모두 이 삼친에 근본하는지라. 그러므로, 인륜에 있어서 가장 중요한 것이니 돈독하게 아니하지 못할지니라."고 하셨다.

16) 遵禮篇(준례편)

① 子曰 居家有禮故로 長幼辨하고 閨門有禮故로 三族和하고 朝廷有禮故로 官爵序하고 田獵有禮故로 戎事閑하고 軍旅有禮故로 武功成이니라.

- 공자가 말하기를, "한 집안에 예가 있으므로 어른과 어린이가 분별이 있고, 안방에 예가 있으므로 삼족이 화목하고, 조정에 예가 있음으로

벼슬의 차례가 있고, 사냥하는데 예가 있으므로 군사 일이 숙달되고, 군대에 예가 있으므로 무공이 이루어지느니라."고 하셨다.

② 曾子曰 朝廷엔 莫如爵이요 鄕黨엔 莫如齒요 輔世長民엔 莫如德이니라.
- 증자가 말하기를, "조정에는 지위보다 좋은 것이 없고, 한 고을에는 나이가 많은 사람보다 나은 이 없으며, 나라 일을 잘하고 백성을 다스리는 것에는 덕만한 것이 없느니라."고 하셨다.

③ 老少長幼는 天分秩序니 不可悖理而傷道也이니라.
- 늙은이와 젊은이, 어른과 어린이는 하늘이 정한 차례이니 사물의 바른 도리를 어기고 도를 상하게 하지 못하느니라.

④ 父不言子之德하며 子不談父之過니라.
- "아버지는 아들의 덕을 말하지 말 것이며, 자식은 아버지의 허물을 말하지 아니 할지니라."

17) 言語篇(언어편)

① 利人之言은 煖如綿絮하고 傷人之語는 利如荊棘하야 一言利人 重値千金이요 一語傷人에 痛如刀割이니라.
- "사람을 이롭게 하는 말은 따뜻하기 솜과 같고 사람을 상하게 하는 말은 날카롭기 가시 같아서 한마디 말이 사람을 이롭게 함은 무겁기가 천금과 같고 한 마디 말이 사람을 중상함은 아프기가 칼로 베는 것과 같

으니라."

② 口是傷人斧요 言是割舌刀니 閉口深藏舌이면 安身處處牢니라.

- "입은 사람을 상하게 하는 도끼요, 말은 혀를 베는 칼이니, 입을 막고 혀를 깊이 감추면 몸이 어느 곳에 있어도 편안할 것이니라."

③ 逢人且說三分話하되 未可全抛一片心이니 不怕虎生三個口요 只恐人情兩樣心이니라.

- "사람을 만나거든 말을 10분의 3만 하되 자기가 지니고 있는 한 조각 마음을 다 버리지 말지니 호랑이의 세 입을 두려워 하지 말고, 오직 사람의 두 마음을 두려워 할지니라."

④ 酒逢知己千鍾鐘少요 話不投機一句多니라.

- 술은 나를 아는 친구를 만나면 천 잔도 적고, 말은 뜻이 맞지 않으면 한 마디도 많으니라.

18) 交友篇(교우편)

① 子曰 與善人居에 如入芝蘭之室하여 久而不聞其香하되 卽與之化矣요 與不善人居에 如入鮑魚之肆하야 久而不聞其臭하되 亦與之化矣니 丹之所藏者는 赤하고 漆之所藏者는 黑이라 是以로 君子는 必愼其所與處者焉이니라.

- 공자가 말하기를, "착한 사람과 같이 살면 향기로운 지초와 난초가 있는 방 안에 들어간 것과 같아서 오래도록 그 냄새를 알지 못하나 곧 더불어 그 향기와 동화되고, 착하지 못한 사람과 같이 있으면 생선 가게에 들어간 것과 같아서 오래 되면 그 나쁜 냄새를 알지 못하나 또한 더불어 동화되나니, 붉은 것을 지니고 있으면 붉어지고 옻을 지니고 있으

면 검어지느니라. 그러므로 군자는 반드시 그 있는 곳을 삼가야 하느니라."고 하셨다.

② 家語에 云 與好人同行에 如霧露中行하야 雖不濕衣라도 時時有潤하고 與無識人同行에 如厠中座하야 雖不汚衣라도 時時聞臭니라.
- 《가어》에 이르기를, "학문을 좋아하는 사람과 동행한다면 마치 안개 속을 가는 것과 같아서 비록 옷은 적시지 않더라도 때때로 윤택함이 있고 무식한 사람과 동행하면 마치 뒷간에 앉은 것 같아서 비록 옷은 더럽히지 않더라도 때때로 그 냄새가 맡아지느니라."고 하였다.

③ 子曰 晏平仲 善與人交로다. 久而敬之온여.
- 공자가 말하기를, "안평중은 사람 사귀기를 잘 한다. 오래도록 공경하고녀."라고 하셨다.

④ 君子之交는 淡如水하고 小人之交는 甘若醴니라.
- "군자의 사귐은 맑기가 물과 같고, 소인의 사귐은 달콤하기가 단술 같으니라."

19) 婦行篇(부행편)

① 婦德者는 不必才名絶異요 婦容者는 不必顔色美麗요 婦言者는 不必辯口利詞요 婦工者는 不必技巧過人也니라.
- "부덕이라는 것은 반드시 재주와 이름이 뛰어남을 말하는 것이 아니요, 부용이라는 것은 반드시 얼굴이 아름답고 고움을 말함이 아니요, 부

언이라는 것은 반드시 입담이 좋고 말 잘하는 것이 아니요, 부공이라는 것은 반드시 손재주가 다른 사람보다 뛰어남을 말하는 것이 아니니라."

② 此四德者는 是婦人之所不可缺者라 爲之甚易하고 務之在正하니 依此而行이면 是爲婦節也이니라.
- "이 네가지 덕은 부녀자로서 하나도 빠질 수 없는 것이니 행하기 매우 쉽고 힘씀이 바른데 있으니, 이를 의지하여 행하여 나간다면 곧 부녀자로서의 범절이 되느니라."

③ 太公이 曰 婦人之禮는 語必細輕이니라.
- 태공이 말하기를, "부인의 예절은 말이 반드시 곱고 가늘어야 하느니라."고 하셨다.

④ 家有賢妻면 夫不遭橫禍니라.
- "집에 어진 아내가 있으면 그 남편이 뜻밖의 화를 만나지 않느니라."

2. 추적선생의 명심보감 편찬 후 추가·보완된 글 모음

20) 增補篇(증보편)

① 周易에 曰 善不積이면 不足以成名이요 惡不積이면 不足以滅身이어늘 小人은 以小善으로 爲无益而弗爲也하고 以小惡으로 爲无傷而弗去也니라 故로 惡積而不可掩이요 罪大而不可解니라.

- 《주역》에 말하기를, "선을 쌓지 않으면 족히 이름을 이룰 수 없을 것이요, 악을 쌓지 않으면 몸을 망치지 아니할 것이거늘, 소인은 조그마한 선으로서는 이로움이 없다고 해서 행하지 않고, 조그마한 악으로서는 해로움이 없다고 해서 버리지 않는다. 그러므로, 악이 쌓이면 가히 없애지 못할 것이요 죄가 크면 가히 풀지 못하느니라."고 하였다.

② 履霜하면 堅氷至라하니 臣弑其君하며 子弑其父가 非一旦一夕之事이라 其由來者漸矣니라.

- "서리를 밟으면 굳은 얼음이 다다른다 하니 신하가 그 임금을 죽이며, 자식이 그 아비를 죽이는 것이 하루아침이나 하루 저녁에 이루어지는 일이 아니라. 그 말미암음이 오래니라."

21) 八反歌 八首(팔반가 팔수)

① 幼兒가 或罵我하면 我心에 覺懽喜하고 父母 嗔怒我하면 我心에 反不甘이라 一喜懽一不甘하니 待兒待父心何懸고 勸君今日逢親怒也어든 應將親作兒看이니라.

- "어린 아이가 혹 나를 꾸짖으면 나는 마음에 기쁨을 깨닫고, 아버지와 어머니가 나를 꾸짖고 성을 내면 나의 마음에 도리어 좋게 여겨지지 않느니라. 하나는 기쁘고 하나는 좋지 아니하니 아이를 대하는 마음과 어버이를 대하는 마음이 어찌 그다지도 현격한고. 그대에게 권고하노니, 지금 어버이에게 꾸지람을 듣거든 반드시 자기의 어린 자식에게 꾸지람을 들을 때와 같이 하라."

② 兒曹는 出千言하되 君聽常不厭하고 父母는 一開口하면 便道多閑管이라 非閑管親掛牽이라 皓首白頭에 多諳諫이라 勸君敬奉老人言하고 莫敎乳口爭長短하라.

- "어린 자식들은 여러가지 말을 하되 그대가 듣기에 늘 싫어하지 않고, 어버이는 한번 말을 하여도 잔소리가 많다고 하느니라. 부질없이 살핌이 아니라 어버이는 근심이 되어 그리 하느니라. 흰 머리가 되도록 긴 세월에 아시는 것이 많으니라. 그대에게는 늙은 사람의 말을 공경하여 받들고 젖 냄새나는 입으로 길고 짧음을 다투지 말 것을 권하노라."

③ 幼兒尿糞穢는 君心에 無厭忌로되 老親涕唾零에 反有憎嫌意니라 六尺軀來何處요 父精母血成汝體라 勸君敬待老來人하라 壯時爲爾筋骨敝니라.

- "어린아이의 오줌과 똥 같은 더러운 것은 그대 마음에 싫어하거나 꺼림이 없고, 늙은 어버이의 눈물과 침이 떨어지는 것은 도리어 미워하고 싫어하는 뜻이 있느니라. 여섯 자나 되는 몸이 어디서 왔는고. 아버지의 정기와 어머니의 피로 그대의 몸이 이루어졌느니라. 그대에게 권하노니, 늙어가는 사람을 공경하여 대접하라. 젊었을 때 그대를 위하여 살과 뼈가 닳도록 애를 쓰셨느니라."

④ 看君晨入市하여 買餠又買餻하니 少聞供父母하고 多說供兒曹라 親未啖兒先飽하니 子心이 不比親心好라 勸君多出買餠錢하여 供養白頭光陰少하라.

- "그대가 새벽에 가게에 들어가서 떡과 과자를 사는 것을 보는데 부모에게 드린다는 것을 별로 듣지 못하고 혼자 자식들에게 준다는 말을 들었다. 어버이는 아직 씹지도 아니 하였는데 자식이 먼저 배 부르니 자식의 마음은 부모의 마음이 좋아하는 것에 비하지 못하리라. 그대에게 권하노니, 떡을 살 돈을 많이 내서 늙은 어버이가 살 날이 얼마 남지 아니하였으니 잘 받들어 봉양하라."

⑤ 市間賣藥肆에 惟有肥兒丸하고 未有壯親者하니 何故兩般看고 兒亦病親亦病에 醫兒不比醫親症이라 割股라도 還是親的肉이니 勸君極保雙親命하라.

- "시장에 있는 약 파는 가게에 오직 아이를 살찌게 하는 약은 있고, 어버이를 튼튼하게 하는 약은 없으니 무슨 까닭으로 이 두 가지를 보는고. 아이도 병들고 어버이도 병들었을 때 아이의 병을 고치는 것이 어버이의 병을 고치는 것에 비하지 못할 것이니라. 다리를 베더라도 두루

어버이의 살이니 그대에게 권하노니 두 어버이의 목숨을 극진히 안전하게 보호하라."

⑥ 富貴엔 養親易로되 親常有未安하고 貧賤엔 養兒難하되 兒不受饑寒이라 一條心兩條路에 爲兒終不如爲父라 勸君兩親을 如養兒하고 凡事를 莫推家不富하라.

- "부하고 귀하면 어버이를 봉양하기 쉬우나 어버이는 항상 미안한 마음이 있고, 가난하고 천하면 아이를 기르기 어려우나 아이는 배고프고 추운 것을 받지 않는다. 한 가지 마음과 두 가지 길에 아들을 위함이 마침내 어버이를 위함만 같지 못하느니라. 권하노니 그대는 두 어버이 섬기기를 아이를 기르는 것과 같이 하고 모든 일을 집이 넉넉하지 못하다고 미루지 말 것이니라."

⑦ 養親엔 只二人이로되 常與兄弟爭하고 養兒엔 雖十人이나 君皆獨自任이라 兒飽暖親常問하되 父母饑寒不在心이라 勸君養親을 須竭力하라 當初衣食이 被君侵이니라.

- 어버이를 받들고 섬기기에는 다만 두 사람인데 늘 형과 동생이 서로 다투고, 아이를 기름에는 비록 열 사람이나 된다 하더라도 모두 자기 혼자 맡느니라. 아이가 배 부르고 따뜻한 것은 어버이가 늘 물으나, 어버이의 배 고프고 추운 것은 마음에 두지 아니 하느니라. 그대에게 권하노니, 어버이를 받들고 섬기기를 모름지기 힘을 다하라. 당초에 입는 것과 먹는 것을 그대에게 빼앗겼느니라."

⑧ 親有十分慈하되 君不念其恩하고 兒有一分孝하되 君就揚其名이라 待

親暗待子明하니 誰識高堂養子心인고. 勸君漫信兒曹孝하라 兒曹親子在君身이니라.

　－"어버이는 지극히 그대를 사랑하나 그대는 그 은혜를 생각하지 아니하고, 자식이 조금이라도 효도함이 있으면 그대는 곧 그 이름을 빛내려 한다. 어버이를 대접하는 것은 어둡고, 자식을 대하는 것은 밝으니 누가 어버이의 자식을 기르는 마음을 알 것인고. 그대에게 권하노니 부질없이 아이들의 효도를 믿지 말라. 그대는 아이들의 어버이도 되고 또 부모의 자식도 되는 것을 알아야 할지니라."

22) 孝行篇 (續)(효행편 속)

　① 孫順이 家貧하여 與其妻로 傭作人家以養母할새 有兒每奪母食이라 順이 謂妻曰 兒奪母食하니 兒는 可得이어니와 母難再求라하고 乃負兒往歸醉山北郊하여 欲埋堀地러니 忽有甚奇石鐘이어늘 驚怪試撞之하니 舂容可愛라 妻曰 得此奇物은 胎兒之福이라 埋之不可라하니 順이 以爲然하여 將兒與鐘還家하여 懸於樑撞之러니 王이 聞鐘聲이 淸遠異常而覈聞其實하고 曰 昔에 郭巨埋子엔 天賜金釜러니 今孫順이 埋兒엔 地出石鐘하니 前後符同이라하고 賜家一區하고 歲給米五十石하니라.

　－손순이 집이 가난하여 그의 아내와 더불어 남의 집에 머슴살이를 하여 그 어머니를 봉양하는데 아이가 있어 언제나 어머니의 잡수시는 것을 빼앗는지라. 순이 아내에게 일러 말하기를 "아이가 어머니의 잡수시는 것을 빼았으니 아이는 또 얻을 수 있거니와 어머니는 다시 구하기 어려우니라." 하고, 마침내 아이를 업고 취산 북쪽 기슭으로 가서 묻으려고 땅을 팠더니 문득 심히 이상한 석종이 있거늘 놀랍고 이상하게 여기

어 시험삼아 두드려 보니 울리는 소리가 아름답고 사랑스러운지라. 아내가 말하기를, "이 기이한 물건을 얻은 것은 아이의 복이니 땅에 묻는 것은 옳지 못하느니라." 순도 그렇게 생각해서 아이를 데리고 종을 가지고 집으로 돌아와서 대들보에 달고 이것을 울렸더니 임금이 그 종소리를 듣고 맑고 늠름함을 이상하게 여기시어 그 사실을 자세히 물어서 알고 말하기를, "옛적에 곽거가 아들을 묻었을 때엔 하늘이 금으로 만든 솥을 주시었더니 이제 손순이 아들을 묻음에는 땅에서 석종이 나왔으니 앞과 뒤가 서로 꼭 맞는다." 말씀하시고 집 한 채를 주시고 해마다 쌀 오십 석을 주셨느니라.

② 尙德은 値年荒癘疫하여 父母飢病濱死라 尙德이 日夜不解衣하고 盡誠安慰하되 無以爲養則刲髀肉食之하고 母發癰에 吮之卽瘉라 王이 嘉之하여 賜賚甚厚하고 命旌其門하고 立石紀事하니라.

- 상덕은 흉년과 열병이 유행하는 때를 만나서 어버지와 어머니가 굶주리어 죽게 된지라. 상덕이 낮이나 밤이나 옷을 풀지 않고 정성을 다하여 안심을 하도록 위로 하였으되 봉양할 것이 없으므로 넓적다리 살을 베어 잡수시도록 하고 어머니에게 종기가 남에 빨아서 곧 낫게 하니라. 임금께서 이 말을 들으시고 어여삐 여겨 재물을 후하게 내리시고, 그 집에 정문을 세울 것을 명하시어 비석을 세워 이 일을 기록하게 하니라."

③ 都氏家貧至孝라 賣炭買肉하여 無闕母饌이러라 一日은 於市에 晚而忙歸러니 鳶忽攫肉이어늘 都 悲號至家하니 鳶旣投肉於庭이러라 一日 母病索非時之紅柹어늘 都 彷徨柹林하야 不覺日昏이러니 有虎屢遮前路하고 以示乘意라 都 乘至百餘里山村하야 訪人家投宿이러니 俄而主人이 饋祭飯

而有紅枾라 都喜 問枾之來歷하고 且述己意한대 答曰 亡父嗜枾故로 每秋 擇枾二百個하야 藏諸窟中 而至此五月則完者不過七八이라 今得五十個完 者故로 心異之러니 是天感君孝라하고 遺以二十顆어늘 都 謝 出門外하니 虎尙俟伏이라 乘至家하니 曉鷄喔喔이러라 後에 母以天命으로 終에 都有 血淚러라.

- 도씨는 집은 가난하나 효도가 지극하였다. 숯을 팔아 고기를 사서 어머니의 반찬을 빠짐 없이 하였느니라. 하루는 장에서 늦게 바삐 돌아오는데 소리개가 고기를 채어 가거늘 도씨가 슬피 울며 집에 돌아와서 보니 소리개가 벌써 고기를 집안 뜰에 던져 놓았더라.

하루는 어머니가 병이 나서 때 아닌 홍시를 찾거늘 도씨가 감나무 수풀에 가서 방황하여 날이 저무는 것도 모르고 있으려니 호랑이가 있어 앞길을 가로 막으며 타라고 하는 뜻을 나타내는지라. 도씨가 타고 백 여 리나 되는 산 동네에 이르러 사람 사는 집을 찾아 잠을 자려고 하였더니 얼마 안되어서 주인이 제사 밥을 차려 주는데 홍시가 있는지라. 도씨가 기뻐하여 감의 내력을 묻고 또 나의 뜻을 말하였더니 대답하여 말하기를 "돌아가신 아버지가 감을 즐기시므로 해마다 가을에 감을 이백 개를 가려서 모두 굴 안에 감추어 두나 이 오월에 이르면 상하지 않는 것 7, 8개에 지나지 아니하였는데 올해는 지금 쉰 개의 상하지 아니한 것을 얻었으므로, 마음 속에 이상스럽게 여겼더니 이것은 곧 하늘이 그대의 효성에 감동한 것이라."하고 스무 개를 내어 주거늘 도씨가 감사한 뜻을 말하고 문밖에 나오니 호랑이는 아직도 누워서 기다리고 있는지라. 호랑이를 타고 집에 돌아오니 새벽 닭이 울더라. 뒤에 어머니가 천명으로 돌아가시매 도씨는 피눈물을 흘리더라.

23) 廉義篇(염의편)

① 印觀이 賣綿於市할새 有署調者以穀買之而還이러니 有鳶이 攫其綿하야 墮印觀家어늘 印觀이 歸于署調曰 鳶墮汝綿於吾家라 故로 還汝하노라 署調曰 鳶이 攫綿與汝는 天也라 吾何爲受리오 印觀曰 然則還汝穀하리라 署調曰 吾與汝者 市二日이나 穀已屬汝矣이라고 二人이 相讓하다가 幷棄於市하니 掌市官이 以聞王하야 竝賜爵하니라.

- 인관이 장에서 솜을 파는데 서조(署調)라는 사람이 곡식으로써 솜을 사 가지고 돌아가더니 소리개가 있어 그 솜을 채어 가지고 인관의 집에 떨어 뜨렸다. 인관이 서조에게 돌려보내고 말하기를, "소리개가 너의 솜을 내 집에 떨어뜨렸으므로 너에게 돌려 보낸다." 서조가 말하기를, "소리개가 솜을 채다가 너를 준 것은 하늘이 한 것이다. 내가 어찌 받을 수 있겠는가?" 인관이 말하기를 "그렇다면 너의 곡식을 돌려 보내리라." 서조가 말하기를, "내가 너에게 준지가 벌써 두 장날이 되었으니 곡식은 이미 너에게 속한 것이니라." 두 사람이 서로 사양하다가 솜과 곡식을 다 함께 장에 버렸다. 장을 맡아 다스리는 관원이 이 사실을 임금께 아뢰어서 다 같이 벼슬을 주었느니라.

② 洪基燮이 少貧甚無料러니 一日早에 婢兒踊躍獻七兩錢 曰 此在鼎中하니 米可數石이요 柴可數駄니 天賜니다 公이 驚曰 是何金고 卽書失金人推去等字하야 付之門楣而待러니 俄而姓劉者 來問書意어늘 公이 悉言之한대 劉曰 理無失金於人之鼎內하니 果天賜也라 盍取之닛고 公이 曰 非吾物에 何오 劉俯伏曰 小的이 昨夜에 爲竊鼎來라가 還憐家勢蕭條而施之러니 今感公之廉价하고 良心自發하야 誓不更盜하고 願欲常侍하나니

勿慮取之하소서 公이 卽還金曰 汝之爲良則善矣나 金不可取라하고 終不受러라 後에 公이 爲判書하고 其子在龍이 爲憲宗國舅하며 劉亦見信하야 身家大昌하니라.

- 홍기섭이 젊었을 때 심히 가난하여 헤아릴 수 없더니 하루는 아침에 어린 계집종이 기쁜 듯이 뛰어 와서 돈 일곱 냥을 바치며 말하기를, "이것이 솥안에 있었습니다. 이만하면 쌀이 몇 섬이요, 나무가 몇 바리입니다. 참으로 하느님이 주신 것입니다." 공이 놀래서 말하기를, "이것이 어찌된 돈인고?" 하고 돈 잃은 사람은 와서 찾아 가라는 글을 써서 대문 위에 붙였다. 이윽고 얼마 아니 되어 유(劉)가라는 사람이 찾아와 글 뜻을 물었다. 공은 하나도 빠짐없이 사실을 말해 들려주었다. 유가가 말하기를, "남의 솥 속에다 돈을 잃을 사람이 있을 리가 없습니다. 참말로 하늘이 주신 것인데 왜 취하지 않으시는 것입니까?" 공이 말하기를, "나의 물건이 아닌데 어찌 가질 것이요."

유가가 꿇어 엎드리며 말했다. "소인이 어젯밤 솥을 훔치러 왔다가 도리어 가세가 너무 쓸쓸한 것을 불쌍히 여겨 이것을 놓고 돌아 갔더니 지금 공의 성정이 고결하며 탐심이 없고 마음이 깨끗함을 보고 탐복되어 좋은 마음이 스스로 나서 도둑질을 아니할 것을 맹세하옵고, 앞으로는 늘 옆에 모시기를 원하오니 걱정 마시고 취하기를 바랍니다."

공이 돈을 돌려주며 말하기를, "네가 좋은 사람이 된 것은 참 좋으나 이 돈은 취할 수 없느니라."하고 끝끝내 받지 않았다. 뒤에 공은 판서가 되고 그의 아들 재룡이 헌종의 부원군이 되었으며, 유가도 또한 신임을 얻어서 몸과 집안이 크게 번영을 하였느니라."

24) 勸學篇(권학편)

① 少年은 易老하고 學難成하니 一寸光陰이라도 不可輕하라 未覺池塘에 春草夢인대 階前梧葉이 已秋聲이라.

- 소년은 늙기 쉽고, 학문은 이루기 어려우니 짧은 시간이라도 가벼이 여기지 말라. 아직 못 가의 봄 풀은 꿈에서 깨어나지 못했는데 어느덧 세월은 빨리 흘러 섬돌 앞의 오동나무는 벌써 가을 소리를 내느니라.

② 陶淵明詩에 云 盛年은 不重來하고 一日은 難再晨이니 及時 當勉勵하라 歲月은 不待人이니라.

- 도연명의 시에 이르기를, "젊은 때는 두 번 거듭 오지 아니 하고 하루에 새벽도 두 번 있지 않나니 젊었을 때에 마땅히 학문에 힘쓰라. 세월은 사람을 기다리지 않느니라."고 하였다.

③ 荀子曰 不積跬步면 無以至千里요 不積小流면 無以成江河니라.

- 순자가 말하기를, "발걸음을 쌓지 않으면 천리에 이르지 못할 것이요, 적게 흐르는 물이 모이지 않으면 강하(江河)를 이루지 못할 것이니라."고 하셨다.

3. 원문 출처 찾아보기

(아래 번호의 해석은, 1①는 1편 첫 번째 문장을, 17③은 17편 3번째 문장이라는 뜻임)

1) 출처 인물 찾기

공자(孔子)................1①,2①,2⑦,3①,3②,4②,4③,4④,5⑧,5⑪,5⑫,
　　　　　　　　　　5⑬,7②,9①,16①, 18①,18②,18③,18④,
군평(君平)...17③,
당태종어제(唐太宗御製)...13①,
마원(馬援)...5④,
문중자(文中子)...14②,
사마온공(司馬溫公)...1⑤,
설원(說苑)...11⑬,
손사막(孫思邈)...7④,
소강절(邵康節)...2②,5⑤,5⑥,11⑫,
소광(疏廣)...11④,
소동파(蘇東坡)...15②,
순자(荀子)...11⑧,
여영공(呂榮公)...10⑤,
왕량(王良)...11⑨,
유비(劉備)...1②,

유회(劉會) 17①,17②,

장자(莊子) 1③,1⑦,2⑤,2⑥,9②,10②, 15①,

주문공(朱文公) 7⑤,7⑥, 9⑤,

증자(曾子) 12①,

채백개(蔡伯皆) 5⑮,

충자(忠子) 10⑧,

태공(太公) 1④,4⑤,4⑥,5③,5⑦,5⑭,9③,10⑥,10⑦,19②,19③,

포박자(抱朴子) 13④,

한문공(韓文公) 9④,

휘종황제(徽宗皇帝) 9⑥,

2) 출처 서적 찾기

격양시(擊壤詩) 11⑤,

경행록(景行錄) 1⑥,3③,5②,6①,6②,7①,7⑧,7⑨,10①,
　　　　　　　　　　　11①,11②, 11③,11⑩,11⑪,14①,

동몽훈(童蒙訓) 13②,13③,

동악성제 수훈(東岳聖帝 垂訓) 1⑧,

소서(素書) 7③,

서경(書經) 6③,

성리서(性理書) 5①,11⑮,

시경(詩經) 4①,

안분음(安分吟) 6④,

왕참정사류명(王參政四留銘) 11⑦,

이견지(夷堅志)..5⑩,
익지서(益智書)..4④,7⑦,11⑭,19①,
한서(漢書)..10③,10④,
현제 수훈(玄帝 垂訓)..2③,